Dietmar Zöller:
Ich gebe nicht auf

Aufzeichnungen und Briefe
eines autistischen jungen Mannes,
der versucht, sich die Welt zu öffnen

Mit 4 farbigen Zeichnungen des Autors

Deutscher
Taschenbuch
Verlag

dtv

Von Dietmar Zöller
ist im Deutschen Taschenbuch Verlag erschienen:
Wenn ich mit euch reden könnte ... (30018)

Ungekürzte Ausgabe
Februar 1995
Deutscher Taschenbuch Verlag GmbH & Co. KG,
München

ISBN 3-502-18886-6
Umschlaggestaltung: Dieter Brumshagen,
unter Verwendung eines Fotos des Autors
Satz: Uhl + Massopust, Aalen
Druck und Bindung: C. H. Beck'sche Buchdruckerei,
Nördlingen
Printed in Germany · ISBN 3-423-30452-9

Das Buch

Dietmar Zöller, ein sensibler junger Mann, schreibt auf, was ihn bewegt, da ihn seine autistische Krankheit an der «normalen» Kommunikation mit seiner Umwelt hindert. In Briefen, die ihm Gespräche mit Freunden ersetzen, offenbaren sich nicht nur seine psychischen Probleme, Dietmar schildert auch, wie sein behinderter Körper funktioniert und wie die verschiedenen Therapien im positiven wie im negativen auf ihn wirken. «Was bei gesunden Menschen von allein geht, muß ich pausenlos willentlich herbeiführen, und irgendwann kann ich nicht mehr und raste aus.» In Tagebuchaufzeichnungen, Briefen, Reiseberichten und Gedichten gibt er neue Einblicke in das Dasein und die Entwicklung eines autistisch Behinderten, der sich mit aller Kraft bemüht, seine Krankheit so weit wie möglich in den Griff zu bekommen.

Der Autor

Dietmar Zöller kam am 2. Dezember 1969 zur Welt, in seinem vierten Lebensjahr wurde bei ihm Autismus diagnostiziert. Bis 1989 besuchte er eine Schule für Körperbehinderte und bestand 1990 an der Akademikergesellschaft für Erwachsenenfortbildung die Reifeprüfung mit Erfolg. Sein erstes Buch, ‹Wenn ich mit euch reden könnte . . .›, erschien 1989.

Vorwort

Nachdem mein Buch «Wenn ich mit euch reden könnte ...» erschienen war, haben mich viele anerkennende und einfühlsame Briefe erreicht. Sie haben mich ermutigt, weitere Texte zu veröffentlichen, die zeigen können, wie ich als autistisch behinderter junger Mann lebe und was ich denke und empfinde. Ich schreibe gern und viel. Eigentlich entstehen täglich Texte, manchmal in Tagebuchform, manchmal als Briefe, mit denen ich Kontakt zu anderen Menschen pflege. Briefkontakte ersetzen mir Freundschaften, die ich sonst nicht haben kann, weil ich wegen meiner Behinderung Probleme habe, mit Menschen so umzugehen, daß sie mich verstehen und akzeptieren können.

Eine Fabel

Die lahme Heuschrecke traf auf einer Sommerwiese ihre Nachbarin. «Wie geht's?» fragte die Nachbarin keck. «Hast du Pläne für die Zukunft?»

«Ach», antwortete jene und bekam einen roten Kopf, «ich plane nicht, ich lebe.»

Verwundert schaute die Nachbarin auf das lahme Bein und bemerkte: «Wie kann man nur mit einem solchen Leiden fertigwerden?»

Da machte die lahme Heuschrecke einen ungelenken Hüpfer und rief strahlend: «Wie schön ist das Leben, wenn alles blüht und die Sonne scheint.»

Verunsichert schlich die Nachbarin fort.

Zusammenfassende Betrachtung der Themen, die mich nach Erscheinen meines ersten Buches beschäftigt haben

Mein Körper und meine Sinne

Lange Zeit habe ich nicht gewußt, was ich an meinem Körper alles empfinden können muß. Ich mußte ja annehmen, daß alle Menschen ihren Körper erleben wie ich.

Meine Kraftlosigkeit habe ich allerdings sehr früh registriert. Das war ein schlimmes Erlebnis, zu merken, daß ich nichts ausrichten kann.

Ich habe auch ziemlich früh meine Arme und Hände für ein überflüssiges Anhängsel meines Körpers gehalten. Es war alles so taub und schlaff und auch kalt. Zuerst mochte ich es nicht, wenn meine Mutter meine Hände nahm, um mich dazu zu bringen, etwas zu tun. Es war unangenehm, angefaßt zu werden, weil ich es als Kitzeln empfand. Das wurde aber allmählich erträglicher. Ich habe dann begriffen, daß ich die Hilfestellung durch meine Mutter brauchte, und habe es akzeptiert.

Als ich später meine Gedanken und Gefühle ausdrükken konnte, war ich froh, wenn meine Mutter meine Hand hielt, damit ich schreiben konnte. Ich wußte sehr wohl, wie die Buchstaben aussehen mußten, aber ich spürte den Stift nicht richtig in der Hand. Das weiß ich aber noch gar nicht so lange. Damals mußte ich annehmen, daß es bei allen Leuten so ist.

Ich weiß gar nicht mehr, wann ich zum ersten Mal meine Hände richtig gespürt habe. Meine Mutter muß sie wohl sehr stark gedrückt haben. Das gefiel mir. Ich habe es immer sehr geliebt, wenn man mich fest gepackt hat. Irgendwann habe ich dann gemerkt, daß ich mir solche angenehmen Gefühle selbst verschaffen kann, indem ich mir z. B. auf die Nase haue. Es war auch Zufall, als ich zum ersten Mal merkte, daß ich, wenn ich meine Matratze wie ein Trampolin benutze, meine Wirbelsäule spüren kann. Ich wurde dabei ganz warm und fühlte mich anschließend wohler in meiner Haut.

So habe ich manche Körpererfahrung aus Zufall gemacht und mir angenehme Gefühle selbst verschafft. Meine Eltern habe ich damit ganz schön genervt.

Am besten war meine Körperwahrnehmung im Gesicht. Ich habe es als außerordentlich schön in Erinnerung, wenn meine Mutter mit mir zärtlich war und mich geküßt hat. Ich weiß aber nicht mehr, ab wann ich das schön fand. Im Gesicht sind meine Wahrnehmungen sehr differenziert. Da kann ich feinste Unterschiede registrieren (außer im Mundbereich). Mein Kopf und die Haare stellen aber ein besonderes Problem dar. Ich mag meine Haare nicht anfassen. Wenn mir mein Vater die Haare schneidet, dreh ich immer noch durch, und die Aktion endet mit einem handfesten Krach. Es ist, als wenn lauter Nadeln in den Kopf pieksen und als ob innen alles revoltiert gegen den gewaltsamen Eingriff.

Ähnliches erlebe ich beim Schneiden der Finger- und Fußnägel. Ich kann das nicht aushalten, beim besten Willen nicht. Ich kann das aber auch nicht erklären. Offensichtlich leiten meine Nerven etwas zum Gehirn, was mich verrückt reagieren läßt. Ich glaube nicht, daß gesunde Menschen so etwas erfahren.

Es ist mir ein Rätsel, wie meine Nerven funktionieren bzw. nicht funktionieren. Theoretisch habe ich einiges über das menschliche Nervensystem gelernt. Aber bei mir ist so viel gestört.

Das fängt damit an, daß ich manchmal in bestimmten Körperregionen fast nichts spüre. Man könnte mich ruhig schlagen, ohne daß ich es als Schmerz registrieren würde. Dann aber wieder bin ich außerordentlich empfindlich und habe das Gefühl, daß jede Berührung elektrische Impulse in Gang setzt. Dann kann ich es kaum in meiner Haut aushalten.

In den Ferien begann meine Mutter, sich allerlei Übungen auszudenken, die mich dazu bringen sollten, Druck mit meinen Händen und Füßen auszuüben.

Ich drücke z. B. nacheinander mit den einzelnen Fingern den entsprechenden Finger meiner Mutter weg. Ich merke dabei, wie ich immer mehr Kraft bekomme. Es geht aber langsam. Die Kraft ist nicht sofort da. Dann verstreben wir unsere einzelnen Finger nacheinander. Das sieht wie ein Dach aus. Jetzt muß die ganze Kraft aus den Fingerkuppen kommen.

Es ist sehr angenehm, so eine Kraft im Körper zu erleben bzw. mit dem Körper produzieren zu können. Ich spüre mich selbst und empfinde das als wohltuend.

Bei den Druckübungen mit den Füßen sitzen wir auf einem Teppich und versuchen, uns gegenseitig mit den Füßen wegzudrücken. Ich spüre dabei meinen ganzen Körper. Alles ist angespannt. Früher, d. h. als Kind, habe ich solche Erfahrungen nicht machen können. Ich brauchte ja alle Kraft und Anstrengung, um aufrecht stehen und gehen zu können.

Ich werde mir immer mehr bewußt, daß ich viel versäumt habe, weil ich mich in meinem schwachen Körper nicht wohlfühlen konnte. Auch heute noch fühle ich mich oft nicht wohl. Der Unterschied zu früher ist, daß ich weiß, wie das ist, wenn man den Körper als eine Einheit spürt. Dieses Wohlbefinden bekomme ich z. B. durch Berührungen. Manchmal klopft meine Mutter meine Gelenke mit einem runden Kiesel ab. Das hat eine außerordentlich wohltuende Wirkung. Ich spüre mich und fühle mich wohl.

Das Gleichgewicht

Daß ich erst mit vier Jahren richtig laufen konnte, hatte sicherlich auch etwas damit zu tun, daß ich Gleichgewichtsprobleme hatte. Ganz deutlich wurde das, als ich lernen mußte, Treppen zu steigen. Obwohl ich lange Zeit schon geübt hatte, einen Fuß auf ein niedriges Fußbänkchen zu setzen, bereitete es große Schwierigkeiten, die Treppenstufen zu ersteigen. Man muß ja dabei einen Moment auf einem Bein stehen und dabei das Gleichgewicht halten. Wenn meine Mutter nicht so viel mit mir geübt hätte, wäre es wohl nie gegangen.

Stundenlang sind wir z. B. in der Nähe unserer Wohnung von Treppe zu Treppe oder einen steilen Waldweg rauf- und runtergelaufen. Später bekam ich ein Fahrrad ohne Stützräder. Es hat Jahre gedauert, bis ich auf dem Fahrrad das Gleichgewicht halten konnte.

Nun bin ich froh, daß es so gut geht und ich diese Probleme überwunden habe.

Meine Augen

Über die Probleme mit den Augen habe ich schon an anderer Stelle etwas geschrieben. Ich will hier eine zusammenfassende Darstellung versuchen.

Es war bis etwa zum dritten Lebensjahr schwer, mit den Augen etwas differenziert wahrzunehmen, weil es nicht gelang, eine Ordnung herzustellen. Ich habe das als chaotische Eindrücke bezeichnet, in die dann allmählich durch eine strukturierte Förderung Ordnung kam. Es war ein Prozeß, der gar nicht einmal so lange gedauert hat. Ich konnte bald viel lernen und auch behalten. Bis heute kann ich außerordentlich gut speichern, was ich sehe. Das kommt mir beim Lesen zugute. Meist sehe ich eine Seite vor mir, wenn ich sie mit Konzentration aufgenommen habe.

Es ist also gar kein Hexenwerk, wenn ich vieles weiß, was ich einmal gelesen habe. Das geht sehr wohl mit rechten Dingen zu. Ich habe da eine besondere Fähigkeit mitbekommen.

Aber nach wie vor muß ich meine Augen besonders einstellen, um deutlich sehen zu können. Ich darf nicht gerade hingucken, sondern von der Seite. Ich blinzle mehr, als daß ich fixiere. Ein Blickkontakt, wie Therapeuten ihn wollen, geht nicht.

Im Laufe der Jahre habe ich mich an dieses Problem gewöhnt. Es stört mich gar nicht mehr. Es stört mich aber, wenn Leute meinen, darauf hinweisen zu müssen, daß bei mir der Blickkontakt fehlt.

Meine Augen sind immer noch empfindlich. Wenn es sehr hell ist, sehe ich schlecht. Es darf auch nicht glitzern. Gegen die Sonne zu laufen, macht mich orientierungslos.

Ich habe den Eindruck, daß man die Störungen im visuellen Bereich am leichtesten kompensieren kann. Es muß nur jemand da sein, der einem hilft, das Unterscheiden zu lernen.

Die Störungen in der visuellen Wahrnehmung haben jahrelang mein Interesse für andere Menschen beeinträchtigt. Ich habe die Menschen als konturenlose Gebilde gesehen. Alles war verschwommen, teilweise verzerrt. Je länger ich jemanden angeschaut habe, desto schlimmer wurde es. Auch meine Mutter sah oft furchterregend aus. Als ich gelernt hatte, besser zu differenzieren, war das Problem gelöst.

Meine Ohren

Vielleicht höre ich besser und mehr als gesunde Menschen. Das kann ich gar nicht beurteilen, weil mir die Vergleichsmöglichkeiten fehlen. Als ich noch klein war, etwa bis zum dritten Lebensjahr, waren die Wahrnehmungen überlaut und chaotisch. Es wurde allmählich erträglicher, als ich verstehen konnte, was gesprochen wurde. Meine Mutter hat mir ja doch in unermüdlicher Weise die Umwelt erschlossen, indem sie mir die Gegenstände in meiner Umwelt einzeln vorgestellt hat. Mit etwa vier Jahren konnte ich Sprache gut verstehen, auch ganze Sätze. Nur wollte es keiner glauben.

Die Probleme haben sich aber nur teilweise gelöst. Bestimmte Geräusche machen mich immer noch nervös, so daß ich mich nicht mehr beherrschen kann. Das ist aber nicht immer gleich. Als ich etwa vier oder fünf Jahre alt war, dachte ich, ich habe Ohrenschmerzen, zumal die Kinderärztin das auch sagte und Tropfen verschrieb. Inzwischen glaube ich nicht mehr, daß es Schmerzen waren. Schmerzen sind anders. Ich kenne z. B. Kopfschmerzen.

Mir ist wieder eingefallen, daß ich früher oft ein Sausen und Brausen im Ohr wahrgenommen habe. Das war ziemlich schlimm, und ich konnte mir nur Erleichterung verschaffen, indem ich mit dem Kopf auf einen Sessel aufschlug. Das ist schon lange vorbei, und ich hätte es fast vergessen zu erwähnen.

Daß ich besonders gut höre, merke ich auch daran, daß die Leute, vor allem meine Familie, sich oft wundern, daß ich Dinge weiß, die ich nach ihrer Meinung gar nicht mitgekriegt haben kann. Wenn ich mich in meinem Zimmer im ersten Stock aufhalte, verstehe ich gut, was im Wohnzimmer unten geredet wird. Ich verstehe auch oft, was beim Telefon der Anrufer redet, wenn ich mich im gleichen Raum aufhalte.

Geschmack

Meine Geschmacksnerven sind vielleicht unterentwikkelt gewesen bis ungefähr zum dritten Lebensjahr. Wenn ich mich richtig erinnere, habe ich irgendwann den Milchgeschmack gespürt und konnte dann keine Milch mehr trinken, bis heute nicht. Ich kann heute sehr wohl den unterschiedlichen Geschmack der Nahrungsmittel registrieren und habe auch meine Vorlieben. Scharfe Gewürze liebe ich sehr, nicht weil es gut schmeckt, sondern weil ich dann meinen Mund gut spüren kann.

Ich stelle mir vor, daß sich bei mir manche Nerven viel später entwickelt haben, als das sonst der Fall ist. Es gab lange Zeit nur wenige Gerichte, die ich mochte, weil mir der Geschmack angenehm war. Heute esse ich ziemlich alles und genieße es. Vielleicht bin ich sogar ein Feinschmecker geworden.

Geruch

Ich habe eine feine Nase und werde darum von unangenehmen Gerüchen sehr gestört. Vielleicht war das auch nicht immer so. Ich habe keine so genauen Erinnerungen. Die Milch, deren Geschmack mich irgendwann abstieß, hatte auch einen üblen Geruch. Vielleicht wurden die Geschmacks- und Geruchszellen etwa zur gleichen Zeit ausgebildet. Heute rieche ich es von ferne, wenn jemand geschwitzt hat oder wenn jemand einen üblen Mundgeruch hat. Tiere mag ich auch nicht riechen, obgleich mir z. B. manche Hunde sehr gefallen.

Die Sprache

Das ist ein schwieriges, angstbesetztes Thema.

Es geht nur um die gesprochene Sprache. Mein Sprachverständnis war, als ich fünf Jahre alt war, schon nahezu umfassend, wenn ich mich richtig erinnere. Ich begriff damals schon ganz gut, was über mich geredet wurde. Neue Begriffe lernte ich zu dem Zeitpunkt bereits aus dem Kontext. Bei der Sprachanbahnung, die gezielt begonnen wurde, als ich drei war, gab es enorme Probleme. Ich konnte nicht nachahmen, habe aber wohl auch zum Teil die Mitarbeit verweigert. Es war reine Glückssache, wenn mal ein Laut herauskam, der dem vorgesprochenen Wort ähnlich war. Mit fünf Jahren machte ich enorme Fortschritte und sprach schließlich alle Wörter nach. Ich habe aber selbst registriert, daß bei mir jedes Wort anders klang als bei meiner Mutter.

Das hat mich beunruhigt und mir angst gemacht. Wenn ich heute darüber nachdenke, kommt es mir so vor, daß ich vor fremden Leuten nicht sprechen wollte, weil meine Stimme so komisch war.

Mit sieben Jahren, als ein Sonderschullehrer regelmäßig ins Haus kam, um mir Hausunterricht zu erteilen, habe ich in seiner Gegenwart gesprochen. So steht es auch in einem Zeugnis. Nur mußte zuweilen meine Mutter Dolmetscherin spielen. Ich habe es bis heute nicht geschafft, mit fremden Menschen so zu reden, daß ich verstanden werde.

Die Sprachtherapie, die ich mit 19 Jahren mit großer Motivation anfing, hat bis jetzt keine großen Erfolge gebracht. Und trotzdem gebe ich nicht auf. Ich weiß jetzt besser, was ich üben kann.

Ich muß die Mundmuskulatur trainieren. Ich muß die Zunge beweglich halten und auch in ihr Spannung erzeugen können. Außerdem hilft es, wenn meine Lippen und mein Gaumen stimuliert werden. Aber auch die Atmung spielt eine Rolle, die kann ich aber bis jetzt nur wenig kontrollieren.

Anzunehmen, mein Zustand könne sich von allein ändern, ist völlig verkehrt. Ich habe die Erfahrung gemacht, daß ich üben muß, wenn ich weiterkommen will. Es war ein großer Fehler, daß ich während einer analytischen Psychotherapie (vier Jahre lang) nichts geübt habe, weder Sprechen noch anderes. Ein geschwächtes oder geschädigtes Nervensystem braucht viel Stimulation von außen. Ich bin froh, daß ich diese Stimulation jetzt bekomme oder mir teilweise selbst zufügen kann. Hätte es doch nur früher jemand bemerkt, daß ich so wenig spüre, d. h. so wenig mit der Haut aufnehme. Alle haben nur meine Stereotypien gesehen und sich darüber mokiert. Das war aber alles nur der Versuch, mir ein besseres Körpergefühl zu verschaffen.

Loslösung von der Psychotherapie

Vier Jahre lang war Frau P., eine Kinder- und Jugendlichenpsychotherapeutin, neben meiner Mutter meine wichtigste Bezugsperson. Ich habe sie geliebt, bewundert, angehimmelt und manchmal gehaßt. Ich wollte sie nicht verlieren und habe darum meinen Eltern auch dann noch den Eindruck vermittelt, daß ich diese Therapie wünsche und brauche, als ich mich im tiefsten Inneren schon zurückgezogen hatte, weil ich spürte, daß ich nun etwas anderes brauchte. Frau P. hat es zuerst gespürt, und ich konnte merken, was sie innerlich unsicher machte. Ich brauchte Hilfen, um meinen Körper besser spüren zu lernen. Das aber gehört leider nicht zu den Aufgaben einer Psychotherapeutin.

Ich habe mich gedreht und gewunden, bis ich schließlich so weit war, daß ich die Therapie aufgeben konnte. Es war mir so wichtig, von Frau P. im Guten zu scheiden, sie nicht zu enttäuschen oder zu verärgern.

Ich habe lange Sehnsucht verspürt, zu Frau P. zurückzugehen, aber nun ist das ausgestanden, und ich bin sicher, daß ich die richtige Entscheidung gefällt habe. Ich habe das Gefühl, daß mir nur noch eins helfen kann, nämlich Körpererfahrungen zu machen und zu üben, was sich üben läßt.

Körpererfahrungen nach der Feldenkrais-Methode und der Kinästhetik

Ich hatte Glück und fand in Carmen Leger eine Lehrerin, die mit mir nach der Feldenkrais-Methode und der Kinästhetik arbeitet. Es geht bei dieser Arbeit im wesentlichen darum, daß ich meinen Körper besser kennenlerne und gezielter einsetze. Ich habe das Gefühl, daß ich nun eine indirekte Psychotherapie mache, denn letztlich helfen die Körperübungen, daß ich zu mir selbst finde und lerne, bewußter zu leben. Carmen betrachte ich als Freundin und sie mich als Freund. Darum kann ich mich auch auf Übungen einlassen, die mir lästig oder unangenehm sind.

Malen und Werken als Ausdruck meiner Persönlichkeit

Malen ist eine Möglichkeit, zu entdecken, was in mir steckt. Ich erinnere mich gut an meine ersten unbeholfenen Versuche, etwas abzubilden, was in meinem Kopf als Vorstellung entstanden war. Meine Überraschung war so groß über das, was ich produziert hatte, daß ich einen Schreck bekam und weglief. Immer, wenn ich ein Bild gemalt habe, steht mir mein Werk wie etwas Fremdes gegenüber, und ich habe Mühe, es als mein eigenes Wesen anzunehmen. Aber ich bin es, der sich im Bild Ausdruck verschafft. Ich erkenne in meinen Bildern meine hellen und dunklen Seiten wieder, aber auch meine Wünsche und Träume. Meine Motive entstehen wie von selbst. Ich nehme mir nur selten vor, dieses oder jenes zu malen. Ich fange einfach an und überlasse mich meinem inneren Drang. In der ersten Phase wirken meine Bilder alle chaotisch. Es macht mir Spaß zu beobachten, wie meine Eltern reagieren, wie sie manchmal geschockt sind und ihre Augen verraten, daß sie nicht damit rechnen, daß ein gutes Bild entsteht.

Meine Freude ist riesengroß, wenn ein neues Bild entstanden ist, das meine Eltern meist sofort einrahmen und aufhängen. In unserer Wohnung hängen viele Bilder von mir, auch bei guten Freunden und lieben Verwandten kann man Bilder von mir finden. Ich staune immer wieder, welche Freude ich den Leuten mache, wenn ich ihnen ein Bild schenke.

Begegnungen mit anderen Ländern

Was wollt ihr da? Kennt ihr überhaupt Deutschland? Das sind die stereotypen Fragen der Großeltern, wenn wir mal wieder eine «verrückte» Urlaubsreise planen. Ich habe in meinem kurzen Leben viel von der Welt gesehen und bin stolz auf meine Eltern, die solche Reisen mit mir machen. Seit wir einen Campingbus besitzen, gibt es immer wieder neue Reisepläne. Es ist für mich außerordentlich spannend, wenn wir ein fremdes Land erkunden und dabei Menschen begegnen, die so ganz anders leben als wir.

Auch habe ich mich während unserer Reisen oft gefragt, ob unsere Art zu leben wirklich die bestmögliche ist. Ich denke besonders an meine Erlebnisse in Marokko und der Türkei, beides Länder, die sehr stark vom Islam geprägt sind.

Ich empfinde große Sympathie für islamische Gläubige, die oft etwas Geheimnisvolles an sich zu haben scheinen. Wissen sie am Ende besser als wir aufgeklärten Christen, worauf es im Leben ankommt?

Was wollten wir? Was suchten wir? Ich für meinen Teil wollte meine eigenen Probleme vergessen und die Bestätigung dafür erhalten, daß das Leben eingebettet ist in einen Gesamtzusammenhang. Konsequenz: Ich sollte mich nicht zu wichtig nehmen.

Was bedeutet schließlich meine Behinderung angesichts der Tatsache, daß Millionen Menschen in den verschiedenen Ländern in Armut leben und trotzdem nicht unglücklicher aussehen als wir.

Wie strahlend blickten doch die kurdischen Mädchen am Euphrat in unsere Kamera! Wie spitzbübisch machten sie ihre Späße mit uns, die wir kein Wort verstehen konnten von dem, was sie sich zuflüsterten! Wenn ich heute im Zusammenhang mit dem Golfkrieg die Namen der türkischen Orte höre, die wir vor fast drei Jahren aufgesucht haben, dann habe ich Bilder vor mir und kann mir die Landschaft und die Menschen gut vorstellen. Das Problem der Kurden berührt mich sehr. Damals habe ich nicht gewußt, daß die Kurden auf so viele Länder verteilt sind, nämlich auf Irak, Iran, Syrien, Türkei und Rußland.

In vielen Ländern, in denen wir gereist sind, hat sich zwischenzeitlich die politische Situation entscheidend verändert. Ich denke an Bulgarien, Rumänien, Ungarn. Als wir vor nun anderthalb Jahren in Ungarn weilten, traf man auf den Zeltplätzen viele DDR-Bürger, die so aussahen, als bereiteten sie ihre Flucht nach Westdeutschland vor. Im letzten Urlaub konnten wir bereits durch die DDR nach Polen fahren, ohne von deutschen Grenzposten behelligt zu werden.

In Rumänien sahen wir auf jener Reise noch an allen Straßenecken überlebensgroße Bilder von Ceaucescu. Damals war es noch ein Abenteuer, nach Rumänien zu fahren. So jedenfalls wirkte es auf mich.

Begegnung mit dem Tod

Ich habe sehr früh die Vorstellung gehabt, daß der Tod etwas Heiliges ist und daß er Frieden und Aufhören des Leidens bringen kann. Darum wollte ich als kleines Kind so gern sterben. Noch heute fasziniert es mich, über Friedhöfe zu spazieren. Ich habe nie verstanden, warum manche Leute nicht wahrhaben wollen, daß sie einmal sterben müssen. Als Weihnachten 1989 mein Opa starb, habe ich zum ersten Mal in meinem Leben einen Toten gesehen. Das hat mich in dem Eindruck bestätigt, daß Sterben ein Gewinn sein kann. Mein Opa sah auf dem Totenbett so friedlich und zufrieden aus, daß ich ihm die ewige Ruhe gönnen mußte. Anders sehe ich aber den Tod eines jungen Menschen. Als vor etlichen Monaten M., ein ehemaliger Schüler meiner Mutter, der erst 20 Jahre alt war, tödlich verunglückte, war ich sehr geschockt. Ich kannte diesen jungen Mann und habe ihm nicht vergessen, daß er mich einmal an der Bushaltestelle begrüßt hat, als er mit meiner Mutter sprechen wollte. Meist werde ich ja übersehen, wenn ich mit meiner Mutter unterwegs bin. M. hätte noch nicht sterben dürfen. Der mußte sich noch entwickeln und entfalten. Ich hatte in seiner Gegenwart ein gutes Gefühl.

Probleme mit Betreuern

Betreuer zu haben, die stundenweise ins Haus kommen, habe ich immer als eine Bereicherung meines

Lebens angesehen. Die meisten dieser jungen Männer konnte ich auch gut leiden und sie mich. Wir haben uns zusammengerauft, und wenn es mal wieder daranging, Abschied zu nehmen, habe ich zusammen mit meiner Mutter überlegt, was für ein Abschiedsgeschenk wohl passen würde. Es waren sehr unterschiedliche Typen, die bei mir Dienst tun mußten, aber jeder war auf seine Weise ein Original und hatte nette Seiten. Das gilt auch für den einen, der mit mir Schwierigkeiten hatte und ich mit ihm. Was das ist, wenn zwei Menschen keine Antenne füreinander haben, kann ich nicht erklären. Es scheint mir etwas Irrationales zu sein. Ich konnte in seiner Gegenwart nicht liebenswert sein und stand pausenlos unter Druck, ohne daß ich hätte behaupten können, daß ich schlecht behandelt wurde.

Ich hatte ein schlechtes Gewissen, aber davon wurde unsere Beziehung auch nicht besser. Er strengte sich an und verlor dabei jede Spontaneität. So war alles ein Krampf auf beiden Seiten. Als der höfliche Abschied hinter mir lag, konnte ich wieder frei atmen und mich langsam auf den neuen Betreuer einlassen, der zuerst gar nicht wagte, gut mit mir auszukommen, weil ihm das wohl wie ein Verrat an seinem Vorgänger erschien.

Meine Brüder Gernot und Rüdiger und andere Verwandte

Damals, als sie weggingen, wußte ich nicht, wie es weitergehen sollte. Ich fühlte mich allein gelassen. Ich konnte mir auch nicht vorstellen, mit meinen Eltern allein in den Urlaub zu fahren. Inzwischen bin ich ganz zufrieden mit meinem Los, ich will es gar nicht mehr anders haben. Ich genieße es geradezu, Einzelkind zu sein. Es ist so ruhig bei uns. Das gefällt mir sehr. Aber was ist nun aus meiner Liebe zu den Brüdern geworden? Ich liebe sie, ohne sie zu binden. Wenn sie kommen, ist es gut, wenn nicht, ist es auch gut. Ich kann ganz gut ohne sie leben. Was ich aber wichtig finde, ist, daß sie sich für Behinderte interessieren. Und das ist der Fall. Auch meine übrigen Verwandten sind mir lieb und wichtig; aber am liebsten sind sie mir, wenn sie nur kurze Besuche machen. Dann freue ich mich und nehme Anteil an dem Besuch. Lange Besuche sind mir ein Greuel. Dann ziehe ich mich zurück, um überleben zu können. Ich freue mich auf das Baby, das meine Schwägerin im Mai zur Welt bringen wird. Ich werde mich bemühen, daß das kleine Wesen keine Angst vor mir haben muß. Ich nehme an, daß ich dieses Kind aushalten kann, und will seine Entwicklung beobachten, um Vergleiche zu meiner eigenen verpatzten Entwicklung anstellen zu können.

Langeweile und Unzufriedenheit

Wenn ich den ganzen Tag zu Hause bin, werde ich unzufrieden und verspüre Langeweile, obgleich ich eigentlich nie wirklich Leerlauf habe. Mir gehen ständig irgendwelche Gedanken im Kopf herum, und was um mich herum geschieht, bekomme ich mit. Es ist problematisch, wenn man morgens kein Ziel vor Augen hat.

Warum soll man dann überhaupt das warme Bett verlassen?

Wenn ich morgens meine Mutter in die Schule begleiten darf, sieht das schon anders aus. Ich liebe es, im Unterricht dabeisein zu können, ohne daß jemand etwas von mir verlangt. Es ist nicht nur der Stoff interessant, sondern die Menschen, die ich beobachten kann. Aber leider kann ich nicht immer mit in die Schule gehen.

Annahme und Verzweiflung

Ich habe eigentlich mein Schicksal akzeptiert und mich damit abgefunden, kein selbständiges Leben führen zu können. Ich sehe sogar die Vorteile, die ich habe. Wer in meinem Alter ist schon so umsorgt und wird so vorbehaltlos geliebt wie ich?

Angst macht mir aber der Gedanke, daß meine Eltern krank werden oder sterben könnten. Wer wird mir dann helfen? Und das macht meine Verzweiflung aus.

Ich merke, daß ich es nicht schaffen kann, solche Fortschritte zu machen, daß ich ohne Hilfe auskomme. Und dabei gebe ich mir wirklich Mühe, so wie ich mir immer Mühe gegeben habe, auch wenn Außenstehende das gar nicht gemerkt haben oder sogar über mein Benehmen entrüstet waren. Es bedarf einer großen Geduld, wenn man etwas schaffen will, was vom Nervensystem gesteuert wird, wozu die Nerven aber erst «belebt» werden müssen. So kommt mir das vor.

Teile meines Körpers müssen zuerst belebt werden, bevor sie Befehle des Gehirns empfangen können. Seit ich mir das so vorstellen kann, schwanke ich zwischen Hoffnung und Verzweiflung.

1988

Das Jahr 1988 war ein aufregendes Jahr für mich. In diese Zeit fallen meine ersten Kontakte zum Scherz Verlag und die Erstellung des Manuskriptes für mein Buch «Wenn ich mit euch reden könnte...»

Einen Höhepunkt gab es in den Ferienmonaten Juli/August, als ich mit meinen Eltern eine große Reise nach Bulgarien und in die Türkei machte.

1988 ging ich noch in die Schule für Körperbehinderte zu meinem geliebten Lehrer Rolf Mayer, der sich heute als Freund sieht und den ich nach der Entlassung aus der Schule Rolf nennen durfte.

Nebenher mußte ich fleißig für den Fernkurs büffeln, den ich insgesamt vier Jahre lang bei AKAD (Akademikergesellschaft für Erwachsenenfortbildung) durchgehalten habe und der mir eine umfassende Schulbildung ermöglicht hat.

13. März 88

Lieber Herr Mayer,
mein Manuskript ist so gut wie fertig, ein richtiges Buch wird das. [...] Ich bin ganz glücklich zur Zeit. Man muß ja wohl im Leben nicht mehr verantworten,

als man Kraft hat. Das habe ich bis jetzt getan. Eine Bestandsaufnahme, wenn Sie so wollen.
Es gibt im Leben Dinge, die muß man allein aushalten. Helfen kann keiner wirklich. Ich weiß, daß ich Menschen überfordere. Darum will ich auch etwas beitragen, damit die Überforderten alles besser verstehen können.
Sagen Sie doch, wann Sie alles lesen wollen. Ich bringe dann das Manuskript mit.

Dietmar

1. April 88

Liebe Frau Orff,
danke für Ihre Mühe, einen Verlag zu suchen. Mir ist das Buch ganz wichtig. Ich möchte wissen, wie Außenstehende so etwas beurteilen. In den Schulen wird es totgeschwiegen. Mein Lehrer, der meine Briefe ernst nimmt, redet nicht mit Kollegen darüber. Er meint, daß das nur auf Unverständnis stößt. Ich kenne das Kapitel in Ihrem Buch schon lange. Ich war wohl wirklich schlimm dran. Ich kann mich aber nur ganz wenig daran erinnern. Laufen lernte ich aber mit Hilfe der Verhaltenstherapie, allerdings mit Musik. Das weiß ich noch. Mutter lief mit mir auf eine Wand zu und ließ meine Hand das letzte Stück los. Ich lernte, immer größere Abstände allein zu laufen. Verhaltenstherapie war am Anfang gut und wichtig. Ich habe dabei kapiert, was ich tun sollte. Später brauchte ich das nicht mehr. Man sollte aber mit allen Autisten am Anfang so arbeiten. Das schafft Ordnung.

Viele Grüße Dietmar

24. April 88

Lieber Herr Mayer,
es ist vorbei, die schreckliche Zeit des Praktikums. Aber es ist noch mehr vorbei, die Ungewißheit über meinen Zustand.
Ich bin in einem Prozeß, der durch die Regression führt. Am Ende könnte etwas passieren, von dem ich etwas ahne, wovor ich aber auch Angst habe. Es muß aber so laufen, anders gibt es keine Hoffnung für mich. Ich vertraue Frau P., die mir alles genau erklärt hat. Ich muß zusammenbrechen, bevor etwas Neues entstehen kann. Ich war schon manchmal nahe davor. Ich habe Hoffnung und gebe nicht auf. Schließlich bin ich weiter gekommen, als man als autistisch Behinderter normalerweise kommt.
Wenn ich mich benehme wie ein Kleinkind, bin ich in Wirklichkeit schon weiter. Das ist alles schwierig zu verstehen, vor allen Dingen für solche praktischen Menschen wie Sie. Ich schätze die praktischen Menschen sehr, z. B. auch meinen Bruder Gernot. Meine Mutter ist eigentlich auch eine Praktische. Sie packt zu und fackelt nicht lange. Sie handelt mehr intuitiv, hat Frau P. festgestellt. Ich darf ja bei den Elterngesprächen dabeisein und nehme so etwas mit Vergnügen zur Kenntnis.
Alles soll ich wissen, nichts ist geheim. Wenn alles mal vorbei ist, dann wird meiner Mutter Gerechtigkeit widerfahren. Ich habe sie verschlissen, schlimm ist das. Darum will ich auch gesund werden, um etwas zurückgeben zu können.

Dietmar

Versuche – nach Therapiestunden

Weine, mein Kind

Weine, mein Kind,
den Kummer laß zu.
Du bist so geschunden.
Es gibt keine Hoffnung
ohne Tränen.

Es gibt eine Hoffnung,
wo Liebe es wagt,
die Tür zu öffnen.

Leben kann jeder,
der Liebe gespürt.
Ich will es nehmen,
wie Gott mich führt.

Uns ist gegeben,
die Last zu tragen,
die es nicht gäbe nach
Gottes Willen.

Menschenschuld ist es,
da gibt es kein Zögern.
Wenn es passiert ist,
kann niemand zurück.
April 88

Neben mir sitzt sie,
die alles gewendet,
hat mit Bewußtheit
die Liebe verschwendet.

Groß ist die Liebe
der Mutter gewesen.
Wenn sie mir bliebe,
könnt ich genesen.
April 88

Ich werde Mensch

Ich werde Mensch.
Wie kann man
sich verschließen!
Da hat kein Schlüssel
eine Chance.
Die Liebe aber öffnet
alle Schleusen,
und Tränen fließen spärlich.
Doch es geht langsam.
Es bleiben die Narben,
das muß so sein.

Wenn es gelänge,
den stummen Mund zu öffnen,
wäre fast alles gut.

Das gelang heute prima,
ich konnte es sagen,
und sie verstand es sogar.
Das war wie ein Wunder.
Es war auf einmal da.
Mai 88

Wohlig und warm . . .

Wohlig und warm
soll es bei uns sein.
Keiner ist arm
im Sonnenschein.

Eisig und kalt
soll es nicht sein.
Einer wird alt
und sieht es nicht ein.
Mai 88

9. Mai 88

Lieber Herr Mayer,
komme eben von der Therapie und bin noch ganz weggetreten. Es geht mehr und mehr an die Substanz. Wenn meine Tränen fließen wie Bäche, dann ist es

geschafft, aber sie fließen bis jetzt noch spärlich. Eher lache ich und weiß dabei, daß das eher Weinen ist. Wie das so eng beieinander liegt. Aus Trauer kann man lachen, aber es ist bitteres Lachen. Es verachtet die Menschen um einen herum und schließt sie aus. Ich bin nicht gut drauf, wenn ich albern lache. Besser sollten Sie das unterbinden. Ich entziehe mich damit.
Alles braucht seine Zeit. Wie könnte es anders sein. Ich bin seelisch verwundet worden, das ist es. Mit dem Autismus hat das nichts zu tun. Es ist eine eigene Behinderung. Ich spüre das genau. Ich wäre schon gesund, wenn ich nur autistisch wäre. Man kann nämlich mit der Wahrnehmungsstörung leben, wenn man geistig normal entwickelt ist. [...]

Dietmar

22. Mai 88

Lieber Herr Mayer,
ich war Pfingsten auf einem schönen Campingplatz nicht weit vom Bodensee. Es war eine hübsche Gegend zum Wandern. Kennen Sie die Argen, ein wunderschöner Fluß. Sie fließt hinterm Campingplatz vorbei. Auf einer wackeligen Brücke kann man rübergehen und kommt dann zu einem Berg, hinter dem wenige Bauernhäuser versteckt liegen. Hopfen wird dort angebaut. Ich hatte wieder Heuschnupfen. Nachts konnte ich nicht zur Ruhe kommen. Nun sind wir wieder zu Hause und warten auf Besuch. Ich kann mich an die Leute nicht erinnern. Sie haben zusammen mit meinen Eltern in Bonn studiert. Vor 14 Jahren waren wir bei

denen. Sie wohnen in Wunsiedel. Ich weiß noch, wie wir dort auf einem Bauernhof Urlaub gemacht haben. Ich habe eine Regression und bringe Mama zur Verzweiflung. Sie erinnert mich immer, wenn ich mich schwachsinnig benehme. Finden Sie das gut? Ich merke es selbst. Wie peinlich, wenn Besuch kommt! Mit so etwas muß man leben, wenn man die Behinderung des Kindes angenommen hat. Fromme Sprüche klopfe ich, meint sie.

Gruß Dietmar

4. Juni 88

Lieber Herr Mayer,
heute hat mein Vater Geburtstag. Ich habe ihm brieflich gratuliert. Ich bin doch wirklich ein Vielschreiber, und vielleicht verdiene ich noch einmal mein Brot mit Schreiben. Es ist ein Traum von mir, etwas zu verdienen, um nicht immer meinen Eltern auf der Tasche zu liegen. Aber ich schreibe nicht nur, um Geld zu verdienen, sondern um etwas Sinnvolles zu tun. Es ist wie ein Zwang. Es sollen viele Menschen merken, was in behinderten Menschen vor sich geht.
Ich habe den Wunsch, meinen richtigen Namen unter das Werk zu setzen, muß meine Eltern noch davon überzeugen. Es steht doch nur die Wahrheit in dem Buch. Ich will wer sein und mich nicht verstecken. Halte auch mögliche Kritik aus. Meine Eltern haben nichts mit dem Buch zu tun. Ich bin volljährig und nicht entmündigt. Wie denken Sie darüber?

Dietmar

4. Juni 88

Lieber Vati,
ich gratuliere Dir herzlich zum Geburtstag. Es soll Dir im neuen Lebensjahr gutgehen. Bleib Deiner Familie ein guter Familienvorstand. Ich möchte, daß Du mich liebst, wie Väter ihre Söhne lieben. Ich geh unter die Schriftsteller und erreiche damit, was Du gern erreicht hättest. Es ist wohl der Anfang einer Karriere, so seh ich es. Die Leute werden was kapieren vom Wert behinderter Menschen. Da sehe ich meine Aufgabe. Du kannst ruhig stolz auf mich sein. Es ist alles eine Fügung. Und ich packe es an, ohne mit meinem Schicksal zu hadern.

Ich liebe Dich! Dietmar

12. Juni 88

Lieber Herr Mayer,
ich werde schon am 8. Juli in Bulgarien sein. Da treffen wir Leute aus der DDR. Danach geht es weiter nach Istanbul. Ich freue mich schon und bin gespannt auf diesen Urlaub. Alles Neue reizt mich. Das ist ganz und gar ungewöhnlich für einen Autisten. Sind Sie neidisch auf unsere Reise?
Mein Bruder fährt mit Freundin nach Schweden. Da ist es auch toll. Ich habe gute Erinnerungen an unsere Reisen in den Norden. Da ist es so ruhig und einsam. Es ist ein gutes Urlaubsland für Autisten. Aber ich schaffe es nun auch in südlichen Ländern. Wenn ich mal alles kenne, will ich wieder nach Skandinavien. Das ist meine große Liebe. Das macht die Menschen ruhiger und besser, wenn sie sich der Natur verschreiben.

Aber das Robbensterben in der Nordsee nimmt einem alle Illusionen. Auch der Norden ist kaputt. Lappland auch. Da hat Tschernobyl schlimme Folgen hinterlassen. Das Rentiermoos ist radioaktiv verseucht. Wußten Sie das? Ich kann das nicht glauben. Man fühlt sich dort so glücklich in der freien Natur, alles ist so ursprünglich, so unberührt.

Viele Grüße Dietmar

Urlaubsreise nach Bulgarien und in die Türkei im Sommer 1988

Wir kamen einen Tag zu früh auf dem Campingplatz in Plovdiv, wo wir am nächsten Tag Lehmanns aus der DDR treffen wollten, an. Wir suchten nach einem Randplatz. Da kamen sie uns entgegen, Käte und Wolfgang von der Insel Rügen. Man erkannte sich schnell trotz der 22 Jahre, die man sich nicht gesehen hatte. Ich wunderte mich sehr, wie man schnell vertraut war und sich verstand. Lehmanns kamen aus Rumänien, wo die Menschen Hunger leiden. Sie waren schockiert und fanden ihre eigene Situation vergleichsweise gut. Sie hatten Lebensmittel nach Rumänien gebracht. Eine Frau, die sie besucht hatten, konnte ihr Baby nicht stillen und hatte keine Milch. Wir versprachen, von Deutschland aus Babynahrung hinzuschicken.

Am nächsten Tag gingen wir in die Stadt Plovdiv. Nachmittags besuchten wir ein altes Kloster in den Bergen. An einer idyllischen Stelle verweilten wir und begegneten dort Türken aus Deutschland. Die wollten die Bulgaren nicht in die Türkei reisen lassen, weil die Frau einen bulgarischen Paß hat. Unverständlich, so was.

Abends gab es guten Wein, den meine Eltern für das Treffen mit Käte und Wolfgang eingepackt hatten. Es war heimelig in der äußersten Ecke des Campingplatzes, wo Deutsche Deutsche trafen.

Abschied. Das war traurig. Wir durften reisen, soweit wir wollten. DDR-Bürger dürfen nur nach Bulgarien, Rumänien und Ungarn. Das wußte ich vorher alles nicht. Nun bin ich gespannt auf die Insel Rügen, wohin uns Käte und Wolfgang eingeladen haben.

Istanbul

Mit der Vorstadtbahn fahren wir vom Campingplatz in das Stadtzentrum. Die Bahn ist überfüllt von Menschen, die irgendwo hin wollen. Alte unrasierte Männer in abgewetzter Kleidung reden lautstark in der Sprache, die wir nicht verstehen. Ältere Frauen mit Tüchern um den Kopf geschlungen hocken zusammen und haben Mühe, die vielen Beutel und Pakete zusammenzuhalten. Eine vornehme Türkin in modischer westlicher Kleidung tritt ein. Sie ist hübsch und wirkt aufgeschlossen und intelligent. Sie ist eine Fremde unter ihren Landsleuten, fast so fremd wie wir. An der nächsten Station tritt ein junger Mann in den Waggon, der lautstark eine Ware anpreist. Es scheint ein Wundermittel gegen verschiedene Leiden zu sein. Er verkauft etliche Päckchen und steigt bei der nächsten Station wieder aus.

Am Bahnhof ist das Gedränge groß. Schuhputzer wollen ihr Geschäft machen. Wir kämpfen uns durch das Gewühl zur Blauen Moschee, die das Stadtgebiet beherrscht. Die Hagia Sophia liegt in der Nähe, sie ist aber nur von innen großartig. Die Blaue Moschee heißt eigentlich Sultan-Ahmet-Moschee und hat sechs Minarette. Sie wurde zwischen 1609–1616 erbaut. In der Moschee, die mit kostbaren Teppichen ausgelegt ist, haben die Frauen nur einen Platz am Rande auf einem Balkon. Diese Moschee ist kunstvoll ausgemalt, aber es gibt wie in allen Moscheen keine Bilder von Menschen und Tieren. Das soll der Prophet verboten haben.

Die Brunnen am Aufgang zur Moschee dienen der rituellen Waschung der Gläubigen.

In der Moschee haben nur die Touristen schmutzige Füße.

Die Hagia Sophia

wurde nicht unter Kaiser Konstantin errichtet, sondern unter seinem Sohn. 415 wurde die zweite Kirche eingeweiht, die erste war abgebrannt. Es handelte sich um Vorläufer der späteren großen Hagia Sophia. Um 532 wurde mit dem Bau der Basilika begonnen. Das war unter Kaiser Justinian.

Der prachtvolle Bau mit der riesigen Kuppel ist beeindruckend. Wie viele Menschenleben mögen dafür geopfert worden sein.

Die Kirche wurde Moschee nach der Eroberung von Istanbul durch Sultan Fatih 1453. Heute ist die Hagia Sophia nur noch Museum. Das finde ich schade. Es sollte ein Ort der Begegnung zwischen Christen und Muslimen sein. Ich jedenfalls kann auch in einer Moschee beten und habe keine Probleme mit Muslimen.

Hattusa

war die Hauptstadt eines großen Hethiterreiches in Anatolien vor mehr als 3000 Jahren. Die Ruinen von Hattusa liegen ca. 200 km von Ankara entfernt. Was Ausgrabungen zutage gebracht haben, kann man in Ankara im Museum sehen. Die Hethiter müssen von einem anderen Stamm besiegt worden sein.

Wir gingen lange dort spazieren, wo die Stadt Hattusa gewesen sein soll. Es war eine erhabene Stimmung, irgendwie geheimnisvoll. Man weiß sehr wenig darüber, wie die Menschen gelebt haben. Die Kunstwerke waren ziemlich roh. Wir konnten zuschauen, wie eine alte Stadtmauer ausgegraben wurde. Die Türken, die dort gruben, waren sehr freundlich zu uns. Wir durften auf den Steinen herumlaufen. Was waren das für Menschen damals? Waren sie wie wir? Waren sie besser oder klüger als wir? Was ist aus der Menschheit geworden? Wir haben keinen Grund, stolz auf uns zu sein.

Göreme

Wir fanden einen Campingplatz mit Blick auf die bizarre Tuffsteinlandschaft von Göreme und konnten uns nicht satt sehen. Abends gingen wir in das Gebiet, das wir von der oberen Terrasse des Campingplatzes so gut sehen konnten. Wir merkten, daß überall in den Steinen Leute wohnten. Ein Schild verwies auf eine alte Kirche. Wir nahten vorsichtig. Da winkte uns eine freundliche Türkin heran. Die Kirche war in ihrem Privatbesitz. Man mußte durch ihre Wohnung gehen und stieg dann über eine alte in Stein gehauene Treppe zur kleinen Kirche hoch. Neben der Treppe waren in einem spärlich eingerichteten Raum Handarbeiten ausgebreitet. Die freundliche Alte redete immerzu auf meine Mutter ein und betätschelte sie dabei. Schließlich ging sie fort und brachte ein Tuch, wie es die Türkinnen tragen. Sie legte es meiner Mutter um und schmeichelte ihr immerfort. Sie zerrte uns vor einen Spiegel, der auch nicht mehr ganz war, wie alles in der ärmlichen Wohnung. Dann wurde es prosaisch. Der Preis für das Tuch war viel zu hoch. Aber keiner wagte zu widersprechen. Die Verabschiedung war kurz, nachdem sie das Geld eingesteckt hatte. Es war wohl ein gutes Geschäft gewesen.

Derinkuyu/Cappadocia

Was Menschen doch alles schaffen können. Da wurden vor mehreren tausend Jahren Unterkünfte unter der Erde geschaffen, spätere Generationen bauten ganze Städte unter die Erde und wohnten dort oder versteckten sich in Zeiten der Verfolgung. Derinkuyu hat sieben Stockwerke. Man sieht, wie Menschen mit Sachverstand gearbeitet haben. Das Belüftungssystem ist einzigartig. Eine Kirche weist darauf hin, daß sich hier einmal Christen aufgehalten haben. Wurden sie verfolgt? Wann war das? Es ist vieles unbekannt.

Wir stiegen in der Stadt herum und malten uns in Gedanken aus, wie hier einmal Menschen lebten. Die Gänge waren schmal, und wenn Leute entgegenkamen, wurde es eng. Die unteren Stockwerke konnte man nach oben so verschließen, daß niemand eindringen konnte.

Als wir wieder ans Tageslicht kamen, wurden wir von einem jungen Türken, der gut Deutsch sprach, eingeladen, bei ihm im Teppichladen Tee zu trinken. Wir gingen zögernd mit. Der Laden gehörte zwei Lehrern, die damit ihr kleines Gehalt aufstockten. Der eine war in Deutschland gewesen. Darum konnte sein Sohn so gut Deutsch. Wir blieben lange und unterhielten uns über dieses und jenes. Man versuchte nicht, uns etwas aufzudrängen. Aber alles war so ehrlich und fast naiv, daß meine Mutter doch etwas kaufen wollte. Wir zogen mit einem schönen Kelim ab, der ganz und gar nicht teuer war. Ausrede: Es gibt bald eine Verlobung im Hause Zöller. Maren und Gernot werden sich freuen.

Ein Abenteuer
sollte es werden, so meldeten die Reiseführer. Die Fahrt in die Osttürkei war aber wenig abenteuerlich. Es ging durchaus auf guten Straßen weiter. Es gab auch keine wilden Kurden, sondern nur freundliche Menschen, die uns oft zuwinkten. Die Landschaft wurde immer karger, wüstenähnlich fand ich es. Es wurde eine lange Fahrt, und als wir in Kahta ankamen, war es dämmerig. Vom Berg Nemrut war nichts zu sehen. Nachts gab es keine Ruhe, weil um zwei Uhr die Taxis zum Berg aufbrachen. Die Leute wollten den Sonnenaufgang oben auf dem Berg erleben.

Wir entschlossen uns für die Tagestour mit dem Sonnenuntergang auf dem Nemrut. Mittags wurden wir von einem Taxi beim Campingplatz abgeholt. Im Auto saßen schon zwei deutsche Reisende, ein französisches Ehepaar und der Sohn des kurdischen Fahrers. Dieser fuhr das Auto auf Pisten mit vielen Löchern und Steinen wie der Teufel persönlich.

Es war entsetzlich heiß und staubig. Nach dreistündiger Fahrt waren wir an der Stelle, von wo aus man nur noch zu Fuß oder mit einem Esel weiterkommt. Wir schafften den Aufstieg zu Fuß und enttäuschten damit die Eseltreiber. Man hatte während des Aufstiegs den Blick frei auf die mesopotamische Tiefebene mit dem Euphrat. Das war so herrlich, daß mich der Gipfel mit seinen verrückten Skulpturen gar nicht mehr so sehr faszinierte. So was können nur Größenwahnsinnige bauen lassen haben. Der Sonnenuntergang war nichts für meine gestreßten Sehnerven. So schaute ich nach Mesopotamien und dachte an die biblischen Geschichten von Abraham, die dort spielen.

Dann kam die Rückfahrt bei Dunkelheit. Gespenstisch wirkten die Lichter der Taxis, die in halsbrecherischer Weise die Serpentinen runterbrausten. Die Französin in unserem Auto fiel fast in Ohnmacht, als wir bei einem gefährlichen Überholmanöver ins Schleudern kamen. Ehrlich gesagt, ich hatte auch Angst und verfluchte heimlich den kurdischen Teufel am Steuer, dessen Sohn, der neben mir saß, schlief und sich dabei an mich lehnte. Das war die Türkei hautnah, wie ich es kaum verkraften konnte.

Es ging alles gut, und um 22 Uhr waren wir schmutzverkrustet wieder auf dem Campingplatz in Kahta.

Harran

Wer weiß schon, daß dieser kleine Ort in der mesopotamischen Tiefebene in der Bibel eine Rolle spielt. Von hier brach Abraham auf, ein Nomade. Die Gegend ist flach wie ein Brett. Es gibt keinen Schatten. Wir können die Hitze kaum ertragen und fahren bald weiter. Man kann ohnehin nicht gut in den Ort gehen, weil man dabei schnell in den Privatbereich der Leute eindringen würde. Die Menschen hier leben kaum anders als zu Abrahams Zeiten. Man kann sich gut vorstellen, wie eine Rahel oder Rebekka am Brunnen das Vieh tränkten. Ich war sehr beeindruckt von dieser Gegend. Leider gab es weit und breit keinen Campingplatz, nicht einmal Schatten für uns müde Reisende. An der syrischen Grenze kehrten wir um und fuhren wieder in Richtung Kahta/Adiyaman.

Troja

Steinhaufen. Mauerreste. Das ist alles, was von Troja übrigblieb. Schliemann hat hier gegraben und die alten Sagen zu neuem Leben erweckt. Man braucht viel Phantasie, um sich vorzustellen, wie hier Helden gekämpft haben, wie die Leute von Troja auf der Stadtmauer standen und den Kämpfen zusahen. Am Meer hatten die Griechen ihre Lager aufgeschlagen, ihre Schiffe in Sichtweite. Alles war zum Kampf bereitet, zum Kampf um eine verrückte schöne Frau, Helena. Ich versteh das alles nicht. Gab es keine vernünftigen Führer, die an die Frauen und Kinder auf beiden Seiten dachten? Da war doch wohl Not und Trauer, so wie überall, wo junge Männer im Kampf abgeschlachtet werden. Darüber werden später Epen gedichtet und Lieder gesungen. Wer singt ein Lied von den trauernden Müttern und Frauen?

Edirne

Moscheen beherrschen die Stadt, eine größer und schöner als die andere. Im Vorhof Touristen in spärlicher Bekleidung. Neugierig sind sie, doch ohne Gespür für fremde Lebensweise und Religion. Sie scherzen und kichern, den protzigen Fotoapparat beiläufig bedienend. Menschen, die die fremde Welt erleben wollen, ohne sich anzupassen. Dicke Frauen in schamlosen Hosen ziehen die Blicke der Frommen auf sich. Wie ein Bienenschwarm bevölkern sie den heiligen Ort, unfähig, zu schaudern vor Gottes Größe. Sie werden gezwungen, blaue Kittel anzulegen und Tücher für den Kopf in Empfang zu nehmen. Die oft benutzte Leihware verbreitet Schweißgeruch, unwürdige Besucher eines besonderen Ortes der Andacht und des Gebetes.

14. August 88

Lieber Herr Mayer,
drei Karten müßten Sie bekommen haben. Zuerst bekam ich Ihre Adresse nicht mehr zusammen. Aber die Post soll ja findig sein. Den Reisebericht dürfen Sie mitnehmen und in Ruhe lesen.
Es war einfach überwältigend, und ich hoffe, daß meine Eltern in einem Jahr den Schock vergessen haben, den sie hatten, als ich krank war. Ich will auf solche Reisen nicht verzichten. Nun möchte ich noch zum Vansee und Ararat. Es war im Osten der Türkei so interessant, daß ich wieder hin will.
Aber es ist wirklich weit, über 10000 km sind wir gefahren. Ich fand es aber hinten im Campingbus erträglich. Meine Eltern haben abwechselnd neben mir gesessen und sich ausgeruht.
Wenn ich gestorben wäre, wäre ich glücklich gestorben, denn ich habe Schönes erlebt. Ich habe ja schon mehr gesehen von der Welt als viele Gesunde.
Eine Neuigkeit. Mein Bruder, der mit seiner Freundin in Schweden war, verlobt sich in 14 Tagen...

Dietmar

21. August 88

Liebe Frau P.,
... Ich habe es genossen, daß Sie am Abend so spontan waren, echt begeistert. Sonst sind Sie oft förmlich, wie Therapeuten sind mit angelernten Verhaltensweisen.
Ich mag Spontaneität, das ist echt. Mama war erst richtig gut, als sie nicht mehr nach einem Schema gear-

beitet hat, sondern ihrer Eingebung folgte. Da hatte sie so viel Phantasie, wie man es sich gar nicht vorstellen kann. Herr D., der Verhaltenstherapeut, war am besten, wenn er privat war und nicht Regeln beachtet hat. Ich liebe die Regeln nicht. Wenn ich sie durchschaut habe, reagiere ich abweisend. Ihre Therapie hat die Regel, alle Gefühle zuzulassen und immer freundlich zu bleiben. Aber Sie ärgern sich doch auch und sind sauer, auch wenn Sie es nicht zeigen dürfen.
Bin ich anmaßend, wenn ich so etwas schreibe, wo ich doch wirklich noch sehr gestört bin?
Ich möchte Sie mal wütend erleben. Bei Mama hat es auch lange gedauert, bis sie es war.

Dietmar

21. August 88

Lieber Herr Mayer,
ich habe zuerst an Frau P. geschrieben. Nun kommen Sie dran. Ich muß die Kommunikation pflegen, sonst bin ich isoliert. Frau P. ist auch überzeugt, daß das mein Weg ist, nämlich schreiben, wenn es mit dem Sprechen nicht geht. Sie war begeistert, daß ich über meine Zukunft nachdenke. Es soll nicht heißen, ich lebe auf anderer Leute Kosten. Es war schlimm für mich, als eine Lehrerin mal gesagt hat, daß sie nicht zulassen wolle, daß meine Anwesenheit in der Klasse auf Kosten der armen Schwerbehinderten gehe. Das war hart: denn ich bin auch schwer behindert. Ich bemühe mich wirklich, keine Last mehr zu sein. Daß Sie das anerkennen, ist ein Lichtblick.

Dietmar

10. September 88

Ich glaube, daß ich alles habe, was man zum Menschsein braucht, aber der Wille ist oft schwach und läßt sich ablenken . . .

Was ich nicht kann, ist Druck aushalten. Dann bricht alles zusammen. Wie ich das erlebe? Nichts geht mehr, bin wie gelähmt, erstarrt. Ich verstehe nicht, was meine Nerven dann machen. Da ist doch etwas nicht dem Willen unterworfen. Es handelt aus mir. Das bin ich nicht selbst, das sind Vorgänge wie Verdauung, sie laufen ab, ohne daß ich sie steuern kann . . .

18. September 88

Lieber Herr Mayer,
es waren keine Absenzen. Ich war nur schrecklich nervös. Alle Geräusche haben gestört. Das kommt vor. Ich bin dann unberechenbar. Meine Mama war ganz schön geschockt. Ich sehe das sofort, auch wenn sie es abstreitet. Abends war es wieder so. Da hatte meine Mutter den Einfall, mich in die Badewanne zu stecken. Das hat geholfen. Was ich da mitmache, ahnen Sie langsam. Es ist immer noch kein Land in Sicht. Wie sollte es auch.
Da sind zu viele Nerven kaputt. Ich glaube nicht mehr, daß ich es mit dem Willen in den Griff bekomme. Es läuft eher ab wie Prozesse im Körper, die man nicht willentlich kontrollieren kann. Was ist das Leben wert? Ich weiß keine Antwort. Nur Liebe, sonst gibt es nichts, was mich hält.

Dietmar

16. Oktober 88

Lieber Herr Mayer,
wie ist es im Herbst immer so dunkel. Da möchte man nur noch im Bett liegen und träumen von besseren Zeiten. Ich habe aber trotzdem was getan, eine umfangreiche Aufgabe zu Kleists «Michael Kohlhaas» bearbeitet. Das macht mir Spaß, wenn Mama nicht weiß, wann ich das gelesen habe. Das Buch war schon lange in meinem Regal. Ich bekam den Band von einer Tante in Zürich.
Also, der «Michael Kohlhaas» wurde gelesen, als der Fernkurs noch nicht im Gespräch war. Das fand ich damals schon aufregend, vor allem, weil Luther vorkommt. Alles, was ich mal verschlungen habe, kommt nun im Fernkurs dran, und Mama staunt nicht schlecht, was ich alles kenne. Es ärgert sie wohl, daß sie ausgeschlossen wurde von mir. Es bleibt meins, das Lesen. Etwas, was ich ohne Hilfe kann. Es ist meine Privatangelegenheit gewissermaßen. Es sollte noch mehr solche Bereiche geben. Einen hat Mama inzwischen entdeckt, der Hund bei Frau P. Er ist mein bester Freund, und ich spiele mit ihm jede Therapiestunde.

Gruß Dietmar

Wenn doch die Menschen lieben könnten,
ohne etwas zu erwarten.
Alle wollen Erfolge sehen.
Wenn man die Erwartungen nicht erfüllt,
wird man abgeschrieben.

Liebe kann Bäume versetzen.
Aber Liebe allein hilft nicht.

Helfen kann Liebe,
doch Strenge muß sein.
Liebe kann warten,
ist der Erfolg noch so klein.

Liebe erwartet nichts,
ist geduldig
und gibt nicht auf,
wenn andere
meinen,
es besser zu wissen.
November 88

27. November 88

Lieber Herr Mayer,
bin ein wenig treulos geworden, aber das hat nichts mit Ihnen zu tun. Dauernd ist etwas los. Zum Beispiel am Samstag die goldene Hochzeit meiner Großeltern in Bad Oeynhausen. Freitag nach der Schule fahren wir hin. Also begehe ich meinen Geburtstag auf der Autobahn. Aufregend ist das alles. Ganze Familie auf Hochglanz gebracht – das war Mamas Werk in dieser Woche. Nun kann sie nicht mehr, ist müde und schafft die Korrekturen nicht. Ich geh nicht im Sakko wie meine Brüder. Das finde ich affig. Ich liebe sportliche Kleidung. Wenn ich das alles überstanden habe, kommen die Korrekturfahnen zu meinem Buch. Bis Weihnach-

ten müssen die zurück nach Bern. Alles ein wenig viel auf einmal für einen Menschen wie mich.
Es ist aber gut so. Ich darf nicht zuviel grübeln, dann drehe ich durch. Ablenkung ist hilfreich, damit geht die Zeit schneller rum. Was kann noch werden? Ich weiß es nicht, bin manchmal ohne Mut und Freude, dann wieder albern und übermütig.
Ich finde kein Maß. So geht es aber nicht immer weiter. Das Leben ist so schwierig zu bestehen. Es ist nicht schön, abgesehen von der Liebe, die man als Kind erfährt und die man dann aufgeben soll nach Therapeutenweisheit. Ich kann das nicht. Dann habe ich gar nichts mehr, woran ich mich festhalten kann. Wenn ich Mama aufgeben muß, ist alles aus. Das ist die Hölle, ohne sie zu existieren. Ist das nun so schlimm? Sie will mich ja gar nicht weghaben.

Dietmar

7. Dezember 88

Lieber Herr Mayer,
viel Glück für das neue Lebensjahr wünsche ich Ihnen, alles Gute und Schöne.
Es war eine Katastrophe mit mir an meinem Geburtstag, und es wurde noch schlimmer. Nun weiß ich wenigstens, was los war, Nebenhöhlenentzündung. Ich dachte schon an Schlimmeres, denn mein Kopf war zum Platzen. Ich hatte Angst, nun würde mein Gehirn sich ausdehnen zum richtigen Hydrocephalus. Ich habe mein Testament in Gedanken gemacht. Nun geht es aber besser, und ich habe keine Angst mehr vor dem

Wasserkopf. Frau Dr. J. meint, da käme nichts mehr, weil ich schon die Pubertät hinter mir habe. Aber das ist eigentlich kein Thema für einen Geburtstagsbrief.
In Bad Oeynhausen war ich fast nur krank, habe aber trotzdem am Fest teilgenommen. Es war sehr feierlich. Meine Großeltern haben es wohl schön gefunden. Ich dachte an Beerdigung, als sie in die Kirche einzogen, alt und leidgeprüft.
Noch einmal alles Liebe zum Geburtstag.

Dietmar

1989

Im März 1989 erschien mein Buch «Wenn ich mit euch reden könnte ...». Das war für mich eine aufregende Sache. Ich ging ja damals noch in die Schule. Mein Klassenlehrer Rolf Mayer war der einzige in der Schule, der von meinem Buch wußte. Er hatte dichtgehalten und nichts verraten. Ich schwankte entsetzlich zwischen Beklommenheit und Genugtuung. Wie würden Lehrer und Mitschüler auf mein Buch reagieren? Ich mußte damit rechnen, daß einige Leute sauer reagierten, wenn sie sich in dem Buch entdeckten. Mein Tagebuch war in jenen Tagen mein Blitzableiter. Ich mußte ja loswerden, wie mir zu Mute war.

Im Laufe des Jahres bekam ich viele Briefe als Reaktion auf mein Buch. Es haben sich daraus etliche Brieffreundschaften entwickelt. Einige Briefe füge ich mit dem Einverständnis derer, die sie geschrieben haben, an.

8. Januar 89

Lieber Herr Mayer,
ein gutes 1989 wünsche ich Ihnen. Ich habe viele gute Vorsätze gefaßt. Die Ferien waren Arbeitsferien. End-

lich wieder für den Fernkurs gearbeitet. Mathe wird bald abgeschlossen. Geometrie ist schon fertig. Bio muß ich noch viel tun, das ist wohl als Leistungsfach gedacht. Das interessiert mich aber auch am meisten.
Heute bringen wir Rüdiger nach Mosbach zurück. Er hatte so lange Urlaub. Im April ist er fertig und will dann in Zürich Psychologie studieren – wenn er einen Studienplatz bekommt.
Zu Weihnachten bekam ich viele Bücher, u. a. Hesses «Demian». Lesen Sie so etwas auch? Solche Bücher schenkt mir eine Tante aus Zürich, die mich immer anspornt, mich zu bilden.
Die hat auch ganz viel gelernt, aber nie das Studium abgeschlossen. Sie ist eine Studienfreundin meiner Mutter und auch irgendwie behindert. Aber sie meistert ihr Leben trotzdem, darum bewundere ich sie und fühle mich von ihr verstanden.
Rüdiger wird in Zürich bei ihr wohnen. Sie ist nämlich seine Patentante. Eigentlich hat sie aber mich lieber.
Es regnet und regnet, und dabei hatte ich davon geträumt, im Schnee spazierenzugehen.

Dietmar

22. Januar 89

Lieber Herr Mayer,
es ist nun bald vorbei mit dieser Form des Briefkontaktes. Das beschäftigt mich sehr. Ich möchte Sie nicht ganz verlieren. Was denken Sie darüber? Eigentlich ist es ja wohl besser, wenn ich keine Erwartungen habe, dann bin ich nicht enttäuscht, wenn nichts mehr läuft.

Alle haben bis jetzt noch aufgehört, nach mir zu fragen, wenn ich aus dem Blickfeld verschwunden war. Aber ich vergesse Menschen nicht so schnell, die mir mal etwas bedeutet haben.
Eins aber weiß ich genau. In eine Praxisstufe oder Werkstatt gehe ich nicht. Frau P. unterstützt mich darin. Sie will auch nicht, daß ich mit Menschen zusammenleben muß, die wenig differenziert sind. Lieber soll ich zu Hause etwas tun und in der Freizeit unter Leute gebracht werden. Sie möchte am liebsten, daß ich mit Normalen zusammen bin, auch wenn ich nicht rede.
Es ist aber alles wirklich schwierig, vor allen Dingen für meine Mutter, das ist mir auch ein Problem. Sie ist zu einem Lebenslang verurteilt, und es hilft ihr keiner. Es ist mir unverständlich, warum es für andere Behinderte Hilfen gibt, aber keine für autistisch Behinderte.
Das kümmert doch keinen, wie das läuft und mit welchen persönlichen Opfern. In Staats- und Gesellschaftslehre mußte ich mich mit den Grundrechten beschäftigen. Da wurde mir klar, daß das für Autisten leere Phrasen sind, gesteht man ihnen durchweg doch nur eine Schule für geistig Behinderte zu.

Dietmar

28. Januar 89

Lieber Herr Mayer,
ich habe ein Pensum für AKAD fertig. Dann geht es mir immer gut, und ich habe das Bedürfnis, faul zu sein. Es war eine schwere Geburt, vor allem in Französisch, weil mir die Lektüre nicht gefiel. Es war «Anti-

gone» von Anouilh. Solche Theaterstücke mag ich nicht. Die Menschen darin sind ohne Gefühl, so kommt mir das vor. Die Antigone ist so starr, weil sie auf ihre Selbstbestimmung pocht. Da gibt es keine menschliche Schwäche, und darum kann sie nicht nachgeben. So ein Blödsinn. Läßt sich töten, obwohl Créon, der König von Theben, sie schonen möchte. Ich vermute, daß ich die Antigone bewundern soll, tu ich aber nicht. Die Lehrerin fand es gar nicht gut, daß ich Antigone in der letzten Aufgabe für psychisch krank erklärt habe.
Ich mag lieber aufbauende Literatur, mit der ich mich identifizieren kann. Die Themen in Englisch sind zur Zeit besser. In Deutsch war ich auch nicht begeistert. Es ging um «Woyzeck» von Büchner. Aber man muß wohl auch so etwas kennen.
Es wird aber deutlich, daß ich wie alle jungen Menschen meinen Standpunkt für mein Leben finden muß. Ich glaube, daß mein Menschenbild christlich bestimmt ist. Ich kann mich nur behaupten, wenn ich als wertvoll angesehen werde. Nach christlichem Verständnis ist jeder Mensch wertvoll, weil Gott ihn gewollt hat. Also darf man auch schwach und behindert sein.

Dietmar

Blicke

Aber die ratlosen Blicke
neugieriger Leute
saugen sich fest
am suchenden Ich.

Wenn doch kraftloses Selbst
autistischer Bürde
hielte stand dem
durchdringenden Auge.
Februar 89

Nach Therapiestunden – Versuch

Es war eine Fee
im dunklen Keller,*
die wartete sehnlichst auf
den Klienten.
Er kam unsicher
die Treppe runter
und stolperte
ihr vor die Füße.

Als die Stunde
fast zu Ende,
gab sich der Kleine
einen Stoß
und legte ihr was
in die Hand.
Es wurde ein
Zwiegespräch daraus,
und glücklich
gingen sie auseinander.

* Dieses Gedicht bezieht sich auf die Psychotherapie bei Frau P., die in Kellerräumen stattfand.

Da wartet draußen
die liebende Mutter.
Mit schnellem Blick
erfaßt sie
die Situation
und ist glücklich.
Februar 89

12. März 89

Liebe U.,
danke für Deinen lieben Brief. Ich weiß nun, daß Du in vieler Hinsicht ähnlich fühlst und denkst wie ich, aber ich bin weniger selbständig als Du und kann ohne Hilfe gar nicht leben. Ein Studium wäre darum unmöglich, obgleich ich leicht lerne und alles schnell durchschaue. Es ist so komisch, daß ich nicht zurechtkomme mit den einfachsten Dingen des Alltags. Ich empfinde das als Makel und kann es doch nicht ändern. Alles ist so kompliziert, wenn es sich bewegt, und ich komme dann durcheinander und gebe schließlich auf. So bin ich aber ganz und gar abhängig, aber nicht im Denken und Fühlen. Da bin ich eigenständig und kritisch. Meine Mutter hat das früh kapiert und mir entsprechende Lernangebote gemacht. Das war mein Glück. Sonst wäre ich verkümmert. Wie es mit mir weitergehen soll, weiß aber keiner. Ich kann nur hoffen, daß mir meine Mutter lange erhalten bleibt.
Was die leistet, ist unglaublich, denn sie ist auch noch Lehrerin in einem Gymnasium.
Was man lernen kann bis zum Abitur, habe ich bald

auch gelernt, werde aber keine Prüfung machen. Das halte ich nicht durch. Ist auch egal. Ich habe bis jetzt Spaß am Lernen und kann auch leisten, was gefordert wird.
Manchmal bin ich traurig, daß ich nichts aus meiner Begabung machen kann. Es ist ja viel mehr bei mir kaputt, als der Autismus kaputt machen kann. Ich war als Säugling schon hinüber. Das ist es wohl, was nachwirkt. Da war etwas Grauenvolles, was aus meinem Leben nicht mehr verschwindet trotz aller Liebe, die ich erfahren habe. Ein dunkles Loch hat sich aufgetan und mich fast verschlungen.

Für heute einen lieben Gruß von Dietmar

21. März 89

Lieber Dietmar,
ich wollte Dir «bedeutend» schreiben, deshalb hat es bis jetzt gedauert, aber nun heute ein Brief in aller Herzlichkeit!
Es ist so viel und so toll, was Du geschrieben hast, und es wird viele ergreifen.
Für Dich ist es vielleicht im Moment gar nicht so leicht, das Buch ist fertig, Du hast Dein Leben offenbart, Deine Leiden, manchmal auch Deine Freude, und wie geht's nun weiter?
Mit Deinem Schreiben, dieser doch sehr großen Anstrengung, wirst du viele Freunde gewinnen.
Für mich ist es eine ganz große Freude, daß Dein Buch erschienen ist, auch, daß Du mich mit hineingenommen hast, ich bin glücklich, daß ich Dich kenne. «Wenn

ich mit Dir reden könnte» . . . wie würdest Du eigentlich den Satz vollenden? . . . wäre ich glücklich (?) [. . .]

Gertrud Orff

23. März 89

Liebe Frau Orff,

[. . .] Sie wollen wissen, wie ich mir den Buchtitel weiterführe. Wenn ich mit euch reden könnte . . . Dann würde ich mich wehren und meine Meinung laut sagen. So. Oder ich würde Menschen trösten . . . oder Menschen danken. Ich bin im Aufbruch. Morgen fahren wir für eine Woche ins Tessin. Ich freue mich darauf.

Herzliche Ostergrüße von Dietmar

7. April 89

Ich kann nicht reagieren, wenn man mich aufs Buch anspricht. Hilflos stehe ich da und werde unruhig. Herr Mayer versteht das und schirmt mich ab. [. . .] Mein Buch könnte einiges verändern, wenn ich merke, daß ich anerkannt werde, denn das ist wohl das grundlegende Problem. Man kann nicht gesund werden, wenn man spürt, daß die Umwelt einen für etwas anderes hält, als man in Wirklichkeit ist.

9. April 89

«Rain Man», ein Film mit Fragezeichen.

Der Film war ein Erlebnis. Man sollte nicht glauben, daß ein Schauspieler eine solche Rolle spielen kann. Das war echt und eindrucksvoll. Gestört hat mich, daß Leute gelacht haben. Die ahnen wohl nicht, wie schlimm eine solche Behinderung ist. Es war doch erschütternd, daß der Mann nicht wußte, was Partnerliebe ist, und es darum nur mißverstehen konnte. Ich habe immer nur gedacht: Wie gut, daß ich alles begreife und das Leben verstehe, auch wenn ich nicht die Aufgaben des Alltags bewältige.

Man sollte aber Behinderte nicht lächerlich machen. Vielleicht brauchte der Film eine Einleitung über den Autismus und seine Ausprägungen. Ich weiß nicht recht, was ich von dem Film halten soll. Ein wenig hat er mich gekränkt, weil ich die Schwierigkeiten eines Autisten aus eigenem Erleben und Leiden kenne.

Wenn ich es recht bedenke, dann war der Film für mich aufregend. Ich war sehr gespannt und konnte an manchen Stellen nicht ertragen, einen solchen Spiegel vorgehalten zu bekommen, denn ansatzweise sind die Schwierigkeiten bei mir auch noch vorhanden. Ich habe z. B. auch noch Probleme, wenn wir abends Auto fahren und die Lichter so blenden.

Was glaubt wohl Dustin Hoffman, wie die Wirklichkeit eines Autisten aussieht? Alles ist noch viel schlimmer, als man es spielen kann.

19. April 89

Es ist in der Schule so angenehm geworden. Ich werde anerkannt. Man achtet mich mehr. Herr Mayer ist so lieb und um mich herum. Es gibt nun doch einen guten Abgang für mich. Ich will auch gar nicht bleiben. Es ist vorbei. Auch an Mayer will ich mich nicht hängen ein Leben lang. Alles hat seine Zeit, auch eine solche Schule. Herr Mayer sieht das auch nicht als so schlimm an. Er vertraut, daß sich Lösungen finden. Wenn er zurückblickt, dann wird ihm klar, daß viel geschehen ist, wenn auch nicht meßbar.

3. Mai 89

Lieber Dietmar,
mein Name ist E. B. Ich bin Jahrgang 1946 und wohne in Frutigen/Berner Oberland. Ich arbeite in einem Kinderheim als Miterzieher. Diese Arbeit macht mir große Freude. Vor zwei Jahren habe ich in Zürich in einer Großfamilie zwei Autisten kennengelernt, ein Mädchen von 20 und einen Jungen von 18 Jahren. Ich sah, wie sie behandelt wurden, wie Du in Deinem Buch schreibst: als dumm und geistig zurückgeblieben. Das hat mich empört. [...]
Ich habe darauf gewartet, daß ein Autist selber von seiner Erfahrung schreibt. Dein Buch hat mich tief berührt. Ich möchte Dir aber auch viel Mut zusprechen: Auch Du wirst eines Tages frei sprechen können und Dich am Leben freuen, wie ich das seit über einem Jahr auch kann. Auch ich habe jahrelang die größte Mühe gehabt, außerhalb meiner Familie frei zu sprechen. Heute kann ich es sehr gut. Ich möchte diese Freude mit vielen teilen. Dietmar, bitte sei so freundlich und antworte mir auf meinen Brief. Weil ich glaube, Du bist der erste Mensch, der mich so richtig versteht. Es ist für mich eine dringende Bitte. Ich glaube, daß Autisten viel

mehr zu sagen haben als andere Menschen, weil sie durch den Mangel an Verständigung mit der Umwelt viel mehr Zeit haben, die Umwelt und die Schöpfung genau zu beobachten und zu analysieren. [. . .]
Dietmar, vielen herzlichen Dank für Dein Buch «Wenn ich mit euch reden könnte . . .». Ich glaube fest, daß Du es bald tun kannst.

Liebe Grüße E. B.

8. Mai 89

Lieber E.,
das war die beste Reaktion auf mein Buch, die ich bis jetzt bekommen habe. [. . .] Ich weiß wohl, daß ich es vielleicht schaffen kann, habe aber auch Angst davor. Vielleicht geht es mir wirklich zu gut zu Hause. Meine Mutter ist immer für mich da. Wer hat es schon so gut mit 19 Jahren. Ich bin in vieler Hinsicht noch ein abhängiges Kind. Ich bin sehr unselbständig und bequem. Es ist aber auch alles so mühsam. Es gerät mir so schnell durcheinander, wenn ich etwas tun will. Kennst Du das auch? Und dabei müßte ich mehr arbeiten, um meine Mutter zu entlasten.
Ich habe so Angst, daß sie mal krank wird und nicht mehr kann. Sie hat immer nur verzichtet und geschuftet und neben der Schule auch noch den Dreck der Familie weggemacht.
Wie kann man es nur schaffen, wie Du zu arbeiten? So etwas würde ich auch gern später tun. Aber da sind keine so guten Aussichten. Ich denke so viel und tu so wenig. Aber mit Denken allein kommt man nicht

durchs Leben. Ich habe mal geschrieben: Ich kann denken und lieben. Das stimmt immer noch. Aber es ist nichts dazugekommen. So sieht es aus. Das werden die meisten Leute, die mein Buch lesen, sich gar nicht so vorstellen. Die denken, ich bin viel weiter.
Ich habe gerade zu meinem Vater, der von der Arbeit kam, gesagt: «Das wird mein neuer Freund.» Ich freue mich sehr über diesen Kontakt.
Für heute erst einmal soviel.

Viele Grüße
Dietmar Zöller

9. Mai 89

Liebe U.,
Du magst Hunde. Ich machte meine ersten Erfahrungen mit einem Hund bei meiner Therapeutin. Das war für mich etwas Wunderbares. Diese großen lieben Augen.
Die konnte ich sogar angucken, ohne irritiert zu werden.
Menschen kann ich oft nicht angucken, ohne irritiert zu werden. Da ist oft so viel Leid zu sehen oder so eine Maske, die ich erst recht nicht ertrage. Ich sehe ja immer zuviel und ziehe mich darum zurück. Gestern hat mir jemand geschrieben, der das Problem auch hat. Er hat mein Buch gelesen und fand sich bestätigt. Ich bekomme übrigens viel Post als Reaktion auf mein Buch. Ich komme kaum noch nach mit Schreiben. Es müssen schon viele Bücher verkauft sein. Es macht mir Spaß, mit so vielen Menschen zu korrespondieren. Ich

bin noch nie in meinem Leben so ernst genommen worden...
Ich wünsche Dir ein schönes Pfingstfest.

Viele Grüße Dietmar

1. Juni 89

Ich habe so komische Anwandlungen, dann muß ich mich bewegen. Ich finde das beschissen und möchte das endlich abstellen. Meine Nerven spielen mir einen Streich.

Es gibt wohl Stoffe, die immer falsch wirken in der Reizleitung, und wenn mein Gehirn den Auftrag gibt, etwas zu tun, dann klappt es wieder nicht. Ich bin langsam ungeduldig, daß es zu keiner Heilung kommt. Ich strenge mich so an wie kaum ein anderer Mensch, und doch passiert nicht viel.

Juni 89

Was ist Autismus?
Autismus ist eine Behinderung, die zur Folge hat, daß man das, was man denkt oder sich vorstellt, nicht oder nur mit Hilfe durchführen kann. Es ist eine Einschränkung im Handlungsbereich, sofern man infolge gezielter Förderung gelernt hat zu denken, was voraussetzt, daß man die Reize, die auf einen einströmen, sortieren kann.

Es scheint mir, daß es nicht zuerst eine Beziehungsstörung ist. Die Beziehungen können aber nicht gelebt werden, weil das Gegenüber gar nichts von der Beziehungsaufnahme merkt. Eine Lösung kann es sein, wenn der Autist lernt, sich schriftlich auszudrücken. Eine Beziehung durch Briefe ist immerhin besser als gar keine Beziehung.

Wirkliche menschliche Beziehungen im Alltag scheitern daran, daß der Autist ein Gegenüber schwer ertragen kann, weil er immer zuviel wahrnimmt und damit überfordert ist. Wer kann schon so viel Leid, wie Autisten in den Gesichtern erkennen, aushalten?

4. Juni 89

Lieber Herr Mayer,
gestern ist mein Vater aus Amerika zurückgekommen. Heute hat er Geburtstag. Heute abend wird die Familie mal wieder vollzählig sein, einschließlich Schwägerin Maren. Am 8. Juli ist Hochzeit. Das wird ein Rummel werden. Ich weiß noch gar nicht, wie ich es verkraften soll.

Ich habe Probleme damit. Neid ist es, sonst nichts, denn die Maren habe ich gern. Eine bessere Schwägerin konnte ich mir nicht wünschen.

In den Ferien habe ich immer auf Sie gewartet. Schade, daß so etwas bei Ihnen so schwierig ist. Es kommt mich so selten jemand besuchen. Ich bin wohl immer noch zu komisch, als daß jemand gern zu mir kommt und es nicht als lästige Pflicht empfindet.

Dietmar, der immer wartet und hofft

8. Juni 89

Liebe H.!
Danke für den lieben Brief. Ich habe mir über Euch viele Gedanken gemacht, nachdem ich Euch neu kennengelernt habe. An die Zeit, als Ihr unsere Nachbarn wart, kann ich mich nicht erinnern. Da ich schon mal einen großen epileptischen Anfall hatte, weiß ich, worum es geht.

Als Ihr bei uns zu Besuch wart, dachte ich immer, man dürfte über die Behinderung nicht soviel reden. Der R. kam mir gar nicht so hilflos vor, aber sehr sensibel und traurig, wenn von seiner Behinderung gesprochen wurde. Ich fühle mich auch immer unwohl, wenn in meinem Beisein über mich gesprochen wird, vor allem, wenn die Leute so mitleidig und gönnerhaft tun. Ich habe lange gebraucht, bis ich davon überzeugt war, daß ich auch jemand bin und nicht nur ein Objekt, das man bemitleidet.

Ich wehre mich inzwischen gegen das Mitleid der Gesunden, die sich mit dem Mitleid profilieren und daraus ihre Bestätigung bekommen. Mitleid kann demütigen und hilflos machen. Man kann sich nicht dagegen wehren, weil es so gut gemeint ist. R. braucht wohl weniger Mitleid als Anerkennung. Der ist doch wohl immer noch ein tüchtiger Mensch. So kam er mir vor. Ich habe ihn auf Anhieb gern gehabt und mich mit ihm solidarisiert.

Ganz liebe Grüße Euch beiden
Euer Dietmar

15. Juni 89

Lieber E.!
Ich muß Dir endlich auf Deinen lieben Brief antworten.
Ich habe mich ja sehr gefreut.
Natürlich kannst Du mich mal besuchen. Ich fürchte nur, daß es eine Enttäuschung wird. Ich kann zwar alles denken und schreiben, aber wenn ich handeln muß, verlassen mich alle guten Geister, und ich entziehe mich der Situation. Mein Bett ist mein Zufluchtsort, wenn mir alles zuviel wird. Ich bin sehr komisch, und vielleicht kannst Du gar nichts mit mir anfangen. Das ist die Wahrheit über mich.
Ich habe etwas Kummer wegen meines Buches. In Frankfurt soll jemand behauptet haben, das habe meine Mutter geschrieben. Das kränkt mich sehr und geht mir nach. Ich habe ja das Buch gemacht, um anderen zu helfen, um aufzuklären über eine schlimme Behinderung, von der auch viele Fachleute zu wenig wissen. So kann man mißverstanden werden.
Ich werde noch mal mich wehren, wenn jener Mann nur bereit wäre, mir selbst zu schreiben. So ist das doch unfair.
Am achten Juli heiratet mein Bruder Gernot. Danach fahren wir in Urlaub mit unserem Campingbus. Wir können uns also erst nach den Ferien treffen. Bis bald!
Herzliche Grüße

Dietmar

15. Juni 89

Lieber Herr Professor Specht!
Nun kenne ich endlich den langen Brief, den Sie als Vorwort geschrieben haben. Ich finde nicht, daß Sie Unsinn geschrieben haben. Das wollten Sie ja wissen.
Die Bemerkung in meinem Buch bezieht sich darauf, daß Leute meinen, Autisten hätten keine tieferen Gefühle und wollten keine Beziehungen bzw. ihnen seien Menschen gleichgültig. Ich will schon Beziehungen, aber die meisten Leute merken das gar nicht, weil ich es nicht so gut zeigen kann. Ich ärgere mich auch, wenn geschrieben wird, Autisten hätten nur Leistungsinseln und könnten mit dem Gelernten nichts anfangen. Ich kann alles lernen und fange damit auch etwas an, allerdings nicht in einem Beruf.
Symbolverständnis sollen ja Autisten auch nicht haben. Ich habe es. Bin ich dann am Ende gar kein Autist?
Sie haben damals, als wir zu Ihnen kamen, gut verstanden, was mit mir los war. Daran kann ich mich erinnern, auch an mein schlechtes Benehmen habe ich Erinnerungen. Ich war wirklich unglücklich darüber, und ich wollte doch so gern dankbar sein. Das ist jetzt alles einfacher. Ich halte viel mehr aus und kann ruhig bleiben.

Viele Grüße Dietmar Zöller

21. Juni 89

Liebe Frau J.!
Heute konnte ich endlich das Videoband anschauen. Zu Hause haben wir kein Video. Ich bin darum mit in die

Schule meiner Mutter gefahren. Da haben wir es angeschaut. A. hat mir gefallen. «Da kann man nicht soviel machen», sagte sie. So geht es mir auch. Ich kann nicht viel machen.
Was ich mir ausdenke, kann ich nicht durchführen. Ich bewundere A.s Mut, vor der Kamera zu reden. Das würde ich nicht schaffen. Der Film ist aber wirklich beeindruckend, auch wenn er ein etwas einseitiges Bild von Autismus vermittelt.
Meine Mutter hat inzwischen mit Ihnen telefoniert. Ich schicke diesen Brief trotzdem ab, auch wenn Sie schon alles wissen. Ich freue mich, wenn Sie mal kommen. Ich halte Besuch ganz gut aus, wenn ich mich immer wieder zurückziehen darf. Aber so etwas werden Sie ja kennen. Meine Sprache ist dann noch schlechter, wenn fremde Leute da sind. Bringen Sie A. ruhig mit. Die kann ich aushalten, viele Autisten halte ich nicht gut aus. Dann fliehe ich sofort.

Viele liebe Grüße von Dietmar

Abschied von der Schule

24. Juni 89

Lieber Herr Mayer,
ich komme doch am Dienstag. Schließlich gehöre ich dazu und will nicht kneifen. Der Chef darf mein Buch erwähnen, aber bitte kurz und sachlich. Das ersetzt mir den Schulabschluß. Ich bin ja doch ein wenig traurig, daß ich keinen Abschluß habe. Ich fühle doch sehr den Sonderstatus, den ich habe. Alles ist bei mir anders. Ich

wäre gern ein normaler Behinderter. Mit dem Behindertsein habe ich mich abgefunden, nicht mit der Isolation. Ich hätte heulen können, als die andern mein Lied gesungen haben und ich stumm dabeisaß. Das ist schwer, ganz schwer für mich. Ich will aber tapfer sein und es tragen. Kommen Sie wirklich uns besuchen? Ich kann das gar nicht glauben. Würden Sie aus Mitleid kommen? Oder bedeute ich Ihnen wirklich etwas? Ich denke mal wieder im Kreis herum und brauche dringend Ablenkung.

Dietmar

27. Juni 89

Lieber Herr Mayer,
ein letzter Brief, den ich als Schüler an meinen Lehrer schreibe. In Zukunft schreibe ich dann an einen Freund, der mir ja vielleicht das Du anbietet. Das hätte ich jedenfalls gern. Ich fand die Abschlußfeier ganz gut und war auch nicht übermäßig traurig, nur nachdenklich. Morgen sieht das noch mal ganz anders aus, das ist endgültig. Ich gebe mir Mühe, nicht auszuflippen. Abends gehe ich mit Mama und ihrer Projektgruppe in «Rain Man». Freitag fahre ich mit der Gruppe nach Stetten im Remstal. Das interessiert mich wirklich. Die Schüler können dann ja am lebendigen Beispiel, nämlich an mir, feststellen, wie das ist, wenn man behindert ist. Ich mache mit. Mal sehen, wie es wird.

Ade, bis bald, Dietmar

29. Juni 89

Ich bin aus der Schule und doch noch ganz drin. Es geht langsam mit der Ablösung. Das war gestern eine gute Ablenkung mit «Rain Man». Ich habe viel mehr gesehen als beim ersten Mal. Aber ich muß mich abgrenzen. Ich bin anders. Ich beharre nicht auf solchen Ritualen und kann viel besser Veränderungen ertragen. Es hat mich aber vieles an meine Kindheit erinnert. Da war ich auch so fixiert auf bestimmte Abläufe. Ich habe aber viel gelernt. Das mathematische Genie bin ich nicht geworden. Das ist auch gut so. Ich habe aber durchaus ein Verhältnis zum Geld. Ich weiß, wieviel ich mit meinem Buch verdiene.

11. Juli 89

Liebe Frau R.,*

Sie haben nun verstanden, was mit mir ist. Danke für den lieben Brief und das tolle Angebot. Ich komme gern zum Reiten. Früher habe ich das gern gemacht. Hier hatte ich noch keine Gelegenheit dazu.

Ich fahre Ende der Woche in den Urlaub. Wie lange, weiß ich noch nicht. Mit dem Campingbus sind wir ja flexibel. Die letzte Woche war sehr turbulent. Mein Bruder hatte Hochzeit, und er ist nun ausgezogen. Ich bin sehr traurig darüber. Die Hochzeitsfeier war aber gut gelungen. Meine Schwägerin hat einen guten Fang gemacht. Das weiß sie auch. Sie heißt Maren und ist Kindergärtnerin. Mein anderer Bruder ist auch nur

* Eine Lehrerin von Dietmar Zöller.

noch besuchsweise da. Alles ist anders als früher. Wenn die Ferien vorbei sind, werde ich das alles mehr empfinden. Was machen Sie in den Ferien? Reiten Sie? Schade, daß wir uns nicht früher kennengelernt haben. Ich wußte nie, ob Sie auf meiner Seite stehen.

Viele Grüße Dietmar

Eine abgebrochene Reise
Urlaub Juli 1989: Österreich–Ungarn–Rumänien–Jugoslawien

Unser diesjähriger Urlaub war ein besonderer in jeder Hinsicht. Nach einigen Tagen in Ungarn mit einer tollen Kutschfahrt in der Pusta fuhren wir zur rumänischen Grenze. Drei Stunden dauerte die Prozedur an der Grenze. Man hat sogar die Verkleidungen im Bus aufgeschraubt und wollte nicht glauben, daß wir weder Tränengas noch Bibeln mit uns führten. Aber ein Visum bekamen wir ohne Probleme. Man schüttelte wohl den Kopf über diese merkwürdigen Deutschen, die zum Campingurlaub einreisten. Bis Sibiu, das wir als Ziel angegeben hatten, war es weit, und wir kamen erst spät auf dem Campingplatz an. Ich hatte mir das alles anders vorgestellt, viel aufregender und gefährlicher. Ich hatte sogar an Euthanasie gedacht, weil das zu diesem Regime gepaßt hätte. Aber es war alles ganz harmlos. Man sah auch wenig Militär und Polizei. Auf dem Campingplatz war bis Mitternacht Disco. Wir konnten darum lange nicht schlafen.

Morgens wurden wir von den Putzfrauen angebettelt, und meine Mutter mit ihrem guten Herzen rückte etwas heraus von den Sachen, die für eine Familie bestimmt waren, denen wir mal Babynahrung geschickt hatten, die wir aber nicht persönlich kannten. Diese Leute, die nicht wußten, daß wir zu ihnen unterwegs waren, haben wir dann gesucht und auch gefunden. Das war gar nicht so einfach, weil es keinen Stadtplan gab. Wir wußten auch die Hausnummer nicht, weil mein Vater sein Adressenbuch vergessen hatte. Die Straße war ganz im Norden der Stadt, da, wo die Armen wohnen. Die Häuser waren klein und etwas baufällig. Alle hatten eine hohe Mauer und ein verschlossenes Tor, so daß man von der Straße nichts sehen konnte. Auch die Fenster zur Straße hin waren verdunkelt. An keinem Tor stand ein Name. Ich fand es ein Wunder, daß wir die Leute trotzdem gefunden haben. Wir konnten sogar über Nacht bleiben, was offiziell gar nicht erlaubt ist. Aber unser Campingbus war im Garten hinter der Mauer gut getarnt, und die Leute selbst hatten keine Angst. Es war ein junges Ehepaar mit einem einjährigen, etwas unruhigen Kind. Oma und Opa, die auch in der Straße wohnten, verbrachten den Abend mit uns. Interessant war auch ein Besuch bei der 81jährigen Uroma, die interessante Geschichten erzählt hat. Sie wußte sogar von ihrem Großvater zu erzählen, der als Leutnant aus Wien nach Hermannstadt kam, dort sich verliebte, heiratete und wieder nach Wien verschwand, als es ihm in Hermannstadt zu eng und langweilig wurde. Sein Sohn hat später in Wien sein Grab gesucht. Die alte Frau hatte viel erlebt und viele Freundschaften in Deutschland durch Briefkontakte aufrechterhalten, auch mit den alten Lehmanns, den Eltern unseres Freundes Wolfgang, der Pfarrer auf der Insel Rügen ist und von dem wir die Adresse bekommen hatten, als wir uns im letzten Urlaub in Bulgarien verabredet hatten.

Klein ist die Welt, wenn man all diese Beziehungen über Grenzen hinweg betrachtet. Die Deutschen in Rumänien sind wirklich Deutsche. Sie fühlen sich als solche und sehen es als unmoralisch an, sich mit Rumänen zu verbinden, z. B. zu heiraten. Die Zigeuner können sie gar nicht leiden, das ist der Abschaum der Menschheit. Das fand ich nicht gut und wenig tolerant. Aber sonst waren die Leute sehr herzlich und lieb. Wir haben uns richtig gut verstanden. Es war wie bei guten Freunden. Wir verließen Hermannstadt, das heutige Sibiu, mit dem Bewußtsein, neue Freunde zu haben, die darauf hoffen, daß wir im nächsten Jahr wiederkommen und dann länger bleiben. Die Lebensmittel, die wir gebracht haben, wurden dringend benötigt. Es gibt kaum etwas zu kaufen. Die Läden sind leer. Margarine gibt es schon lange nicht mehr. Kaffee ist die zweite Währung und öffnet den Leuten Türen, wie sich die Oma ausdrückte. Ein Arzt erwartet ein solches Geschenk, oder er hat erst gar kein Interesse an dem Patienten. Das ist eine schlimme Entwicklung für die Deutschen in Rumänien, die auch sonst benachteiligt werden, z. B. wenn sie einen Arbeitsplatz suchen.

Von Rumänien fuhren wir über die Grenze nach Jugoslawien. Die Zollbeamten nahmen die Sache noch ernster als die beim Grenzübergang von Ungarn nach Rumänien. Alles mußten wir auspacken und an der Straße ausbreiten. Dann wurde unser Bus untersucht. Keine Ecke ließen sie aus. Sogar die Innenverkleidung haben sie aufgeschraubt, weil sie wohl dahinter Schmuggelgut vermuteten. Aber was hätten wir schmuggeln sollen? Es gab doch nichts zu kaufen in Rumänien.

Wir verbrachten eine Nacht an einem See in Jugoslawien nahe der Grenze. Alles war gut und wir voller Erwartungsfreude auf dieses Land. Wir fuhren an der Donau entlang, eine touristisch noch nicht erschlossene Gegend, aber wunderschön. Die Donau ist überhaupt ein beeindruckender Fluß, der viel erzählen könnte.

Wir fanden aber leider keinen Campingplatz in dieser schönen Gegend und mußten darum abends weiterfahren bis zum Autoput. Es wurde eine kurze Fahrt. Wir waren gerade auf die Autostraße gefahren, da machte es zwei Schläge, und wir hatten keinen fahrbaren Untersatz mehr. Der Mann vom Abschleppwagen schüttelte den Kopf und sagte: «Total alles kaputt.» Wir fuhren auf einem Abschleppwagen nach Belgrad bzw. ließen uns fahren. Im Hof einer Werkstatt verbrachten wir eine unruhige Nacht. Morgens Verhandlungen, Telefonate mit dem ADAC. Wir wurden noch einmal abgeschleppt zu einer anderen Werkstatt, die einen passenden Motorblock haben sollte. Das war alles sehr aufregend, auch wegen der Verständigungsprobleme. Die Jugoslawen reden so laut und alle durcheinander. Entsetzlich!

Zwei Tage und zwei Nächte lebten wir nun auf der Straße vor einer Autowerkstatt in S. Mitrovica. Unsere Geduld wurde auf eine harte Probe gestellt. Manchmal konnte ich die Ungewißheit kaum noch aushalten. Es war alles so chaotisch. Natürlich war das Auto nicht fertig, als es fertig sein sollte, und was der Meister versprach, hielt er nicht. Er schlurfte durch die Gegend und gab Anweisungen an eine Belegschaft, die ständig andere Gesichter zeigte. Es war undurchschaubar, wer dort wann arbeitete und wer Zaungast war. Der Betrieb wurde aber sehr frequentiert. Immer neue Leute wurden mit kaputten Autos angeschleppt. Eine türkische Familie auf dem Weg nach Istanbul hatte einen Unfall gehabt. Ein kleiner Junge, der etwas behindert wirkte, weinte im Schock immerfort. Die Leute waren fertig und suchten Trost bei uns. Sie wollten nicht glauben, daß sie für deutsche Verhältnisse einen Totalschaden hatten. Aber am Abend – wer hätte es erwartet – fuhren sie weiter mit einem notdürftig reparierten Auto. Die Kinder und die Mutter hatten Angst, der Vater aber nicht. Er wollte nach Istanbul, sonst nichts.

Es wurde spät und später, aber an unserem Auto sah man keinen Fortschritt. Der Meister jagte mit dem Auto durch die Gegend, um Ersatzteile zu besorgen. Er wirkte gehetzt. Um Mitternacht lief unser Auto wirklich wieder, und es wurde noch eine Probefahrt gemacht. Ich war so müde, daß ich immer einschlief. Wir verbrachten noch eine Nacht bei der Werkstatt, weil man zu so später Stunde nicht mehr so viel Geld zählen konnte, wie wir zu bezahlen hatten. Den Dinar wird man wohl demnächst kiloweise verkaufen.

Nun sind wir zu Hause und blicken zurück, und unsere Geschichten werden immer spannender. Wenn einer eine Reise macht, dann kann er was erzählen.

An einer Grenze

Warten und nicht wissen, auf was.
Angst und nicht spüren, vor wem.
Menschen mit undurchdringlichen
Gesichtern
üben Macht über mich aus.

Kontrollieren und nicht sagen, für wen.
Sich amüsiern und nicht zeigen
über wen oder was.
Menschen in Uniformen
flößen Respekt mir ein.

Undurchsichtig bleibt alles
bis zur glücklichen Weiterfahrt
ins Ungewisse.
August 89

Sibiu

Stadt im Dunkel der Nacht.
Wenige Lichter erhellen die Straßen.
Menschen leben hier
und warten
auf Erlösung.
August 89

Die Donau

Könnte sie reden!
Sie weiß von Menschen
und Weltgeschichte.
Alles hat sie fortgespült,
um Vergessen zu schaffen.
Wer wollte alles erinnern?
Wer will vom Leiden hören?
Menschen kamen und gingen.
Was bleibt, ist in Stein verewigt.
Aber Steine verwittern und
brauchen die Sorge der Menschen.
Alles ist dem Untergang geweiht.
August 89

3. August 89

Lieber E.!

Wir sind wieder zu Hause, viel zu früh und etwas enttäuscht. Unser Auto, der geliebte Campingbus, ging in Jugoslawien kaputt und bescherte uns eine saftige Rechnung. Das kannst Du alles im beiliegenden Bericht lesen. Nun sitzen wir daheim und versuchen, etwas aus der Situation zu machen.

Gestern habe ich mit meiner Mutter eine Familie mit einem 16jährigen autistischen Jungen besucht. Nun könnte ich heulen vor Mitleid. Die Frau ist Französin, ganz zart und lieb. Ihr Sohn ist einen Kopf größer als sie und sehr stark. Ich empfinde so etwas wie Freundschaft für die Leute seit gestern.

A. hatte es in der Schule gar nicht gut im letzten Schuljahr. Da hat seine Mutter ihn oft zu Hause gelassen. Diese doofen Lehrer schreiben da ins Zeugnis, man hätte mehr erreichen können, wenn A. häufiger in die Schule gekommen wäre. Unverschämt.

Ich warte nun auf meine Brüder zum Wochenende. Gernot und Maren sollten langsam von der Hochzeitsreise zurückkommen, und Rüdiger hat auch frei, wie ich sicher weiß.

Viele liebe Grüße von Dietmar

5. August 89

Liebe Frau W.!

Für Ihren letzten Brief möchte ich mich mit einem Bericht über unsere Reise bedanken. Ich habe davon Kopien für Freunde und Verwandte gemacht, um nicht

immer dasselbe schreiben zu müssen. Die Nacharbeit der Reisen hat mir immer sehr geholfen, das Wichtige vom Unwichtigen zu scheiden. Früher habe ich dazu immer viele Reiseprospekte zerschnitten und ausgewertet.
Wir verbringen nun den Rest der Ferien zu Hause. Gestern abend kamen mein Bruder und meine Schwägerin von der Hochzeitsreise zurück, strahlend vor Glück. Die kommen morgen zum Essen. Das ist alles so komisch, für meinen Bruder auch. Natürlich kamen sie zuerst hierhin, ganz selbstverständlich. Ich fand das lustig. Mein Bruder Rüdiger kam dann auch noch, ist aber schon wieder fort. Er macht Nachtwache bei Schwerbehinderten, um Geld fürs Studium zu verdienen. Er möchte in Heidelberg studieren. Hoffentlich klappt das.

Für heute viele Grüße von Dietmar

Aus dem Haus

Aus dem Haus
zu neuen Freuden
zog der Bruder
dieses Jahr.

In dem Haus
mit Trauertränen
blieb zurück
ein traurig Herz.
August 89

10. August 89

Lieber W. R.,
danke für Ihren einfühlsamen Brief. Sie sind nicht der einzige, der mir von Wahrnehmungsproblemen geschrieben hat. Das finde ich interessant, weil Sie ja trotzdem ein normales Leben führen. Das kann ich nicht. Ich bin unselbständig, weil ich mich in vielen Situationen gar nicht orientieren kann. Ich kann z. B. nicht allein in die Stadt fahren. Gestern war ich mit meinen Eltern in Stuttgart. Da ist mir das wieder klargeworden. Meist lasse ich mich führen wie ein Blinder, nicht weil ich nichts sehe, sondern weil ich zu viel sehe und dann die Orientierung verliere.

Ich kann darum auch keine öffentliche Schule oder Uni besuchen. Da müßte mich immer jemand begleiten. Ich mache ja schon einen Fernkurs zur Reifeprüfungsvorbereitung. Vier von fünf Semestern habe ich erfolgreich hinter mich gebracht. Aber eine staatliche Prüfung geht nicht. Ich könnte die Situation nicht bewältigen. Macht auch nichts.

Ich lerne gern und weiß, was ich kann. Zur Zeit habe ich nur Mühe mit Französisch. Dafür habe ich nicht genug getan. Ihnen alles Gute!

Mit herzlichen Grüßen Dietmar Zöller

10. August 89

Liebe Familie H.!
Ich bedanke mich für Ihren Brief, den ich auch gleich beantworten will. Es ist gar nicht so leicht zu beschreiben, was meine Mutter mit mir gemacht hat. Zuerst

war das die Verhaltenstherapie. Da hat ein Psychologe Übungsprogramme geschrieben, und meine Mutter hat das alles mit mir geübt und protokolliert. Später hat sie mit mir viel mit Puppen gespielt und dabei meine Gefühle herausgelockt. Dabei hat sie mich oft überrumpelt, und ich habe gar nicht gemerkt, wie ich mich immer mehr auf sie eingelassen habe. Da waren viele Tricks, auf die ich hereingefallen bin. Die Puppen haben alle gesprochen. Es war immer meine Mutter, aber sie hat viele Rollen gespielt und mich provoziert. Ich habe schließlich reagiert, um z. B. etwas richtigzustellen, was eine Puppe falsch gesagt hatte. Oder ich habe mich gegen die Beschimpfungen durch eine Puppe gewehrt. Eine meiner Puppen war fast so groß wie ich und immer dabei, wenn ich lernen mußte. Sie wurde meine Rivalin.

Ich glaube, daß ich durch diese phantasievollen Spiele gelernt habe, als Mensch zu reagieren. Als ich etwa fünf Jahre alt war, lernte ich lesen. Das hat mir viel geholfen, Sprache zu verstehen, auch schwierige Zusammenhänge. Ich bekam dann von meiner Mutter ganz normalen Schulunterricht. Nebenbei habe ich viel gemalt, d. h. mit Farben experimentiert. Ich wurde also immer beschäftigt, wenn wir nicht draußen waren, wo ich lernen mußte, zu laufen und z. B. Treppen zu steigen. Es gab keine Treppe in der Nachbarschaft, auf der ich nicht geübt habe. Daß ich immer üben mußte, war mir gar nicht so bewußt, im Hause schon, aber draußen nicht. Das war alles kaschiert und voller Tricks, die ich erst allmählich durchschaute.

Ich weiß nicht, ob man so etwas mit einer 33 Jahre alten

Frau noch machen kann. Das müßte wohl anders aussehen. Vielleicht könnte sie ja noch lesen lernen. Damit kann man so viel anfangen. Ich lese sehr schnell. Mit einem Blick erfasse ich viele Zeilen zugleich. Aber das ist wohl nicht bei allen so. Ich kann mir vorstellen, daß Ihre Tochter auch zur Mithilfe im Haushalt herangezogen wird. Das mache ich auch, bin aber etwas ungeschickt. Ich habe aber viel in der Küche gelernt. Ich weiß schon lange, wie man was zubereitet, ohne es aber ohne Hilfe machen zu können. Da hat meine Mutter viel mit Handführung mir beigebracht. Sie muß nicht soviel helfen, aber allein geht es doch nicht, da gerät mir schnell alles durcheinander.
Ich wünsche Ihnen und Ihrer Tochter viel Erfolg.

Ihr Dietmar Zöller

18. August 89

Was die Leute so über mich schreiben, amüsiert mich. Der eine Rezensent hat es besonders gut gemacht und bemerkt, daß ich eine pädagogisch und psychologisch besonders begabte Mutter habe. Das ist es doch, was den Erfolg ausgemacht hat, die Intuition, nicht so sehr das Fachwissen. Wenn ich es beurteilen kann, dann waren die Puppenspiele das beste. Da war so viel Phantasie und Einfühlung wie nie wieder. Das geht wohl auch nur in einer bestimmten Phase, wenn man noch ganz offen ist und auf Tricks hereinfällt.

Man überlegt dabei nicht und reagiert ganz spontan. Das war wirklich ein Stück Kindheit, das mir gefallen hat.

21. August 89

Eine geglückte Therapiestunde. Nach so langer Zeit war es ein Wiedererkennen, mit Freude verbunden.

Sie wußte genau Bescheid, daß ich Abschied nehmen mußte von Mayer und Gernot. Das versteht sie, was das bedeutet. Es gibt viele solche Situationen im Leben. Da muß man durch, denn man lebt schließlich alleine.

Was wollen wir anfangen mit unseren Möglichkeiten? Alles Leben ist auf Möglichkeiten hin angelegt. Oft liegen aber noch Möglichkeiten brach in uns, von denen wir noch nichts wissen. Um so etwas geht es in unserer Therapie, um nichts anderes. Viele Möglichkeiten hat Mama mir eröffnet, das ist eine bewundernswerte Leistung gewesen . . .

Erfolg

Erfolgreich
im Denken
und Phantasieren.

Erfolglos
im Handeln
und Diskutieren.

Wer kann das begreifen,
wenn Ahnungen
streifen das Leben
in der Entbehrung.

August 89

23. August 89

Ein Brief von G. T., der mich freut. Ich wußte gar nicht, daß ich so interessant bin. Muß wohl stimmen. Das Mädchen gefällt mir. Zum Verlieben. Sie nimmt sich selbst auf die Schippe. Ich werde sie mir warmhalten.

Ohne Schule ist es gar nicht so schlecht. Das Radfahren macht Spaß, und Hausarbeit will ich auch lernen, weil das wichtig ist...

Wenn es so weitergeht, bin ich ganz zufrieden mit meinem Los. Was soll ich auch sonst machen? Bin doch wirklich eine Sondernummer.

24. August 89

Oma wird heute 75. Arme Oma. Du wärest so gerne noch jung. Das Leben war schwer genug. Und du hattest oft das Gefühl, zu kurz zu kommen. Ich denke an dich mit Liebe und Hochachtung.

Geburtstag

Wenn die Blumen
verwelken im Glas
und die Tortenreste
verspeist sind.

Wenn das Alter
gezeichnet das Gesicht
und die Kräfte
nachlassen.

Wenn die Kinder
aus dem Haus sind,
und die Enkelkinder
aufmüpfig werden.

Dann kreisen die Wünsche
nicht mehr um Gaben.
Dann möchte Oma
nur Ruhe haben.
August 89

Was ist das Leben?

Was ist das Leben?
Ein endloser Haß
auf Leute,
die das Wesentliche vergeuden.

Was ist der Sinn?
Unendliche Liebe
für alle in Not,
die noch Hoffnung tragen.
September 89

Ausgezeichnet werden die Falschen
mit ihrem Drang
nach Selbstdarstellung.
Unbeachtet bleiben die Stillen
mit ihrem Wunsch

nach Selbstverleugnung.
Wo bleibt das gerechte
Urteil der Weisen?
September 89

Erwarte nichts

Erwarte nichts
von mitleidenden Menschen.
Hoffe nicht mehr
auf volle Genesung.

Erhalte dir die Liebe
guter Freunde.
Dann kommt das Glück
auf leisen Sohlen.
Unmerklich ist es da
und verbreitet sein Gold.
September 89

6. September 89

Ich habe Angst, daß Mama einen Herzinfarkt bekommt bei dem Arbeitspensum.

Frau W. war doch eine so muntere Frau. Ich kann mir das gar nicht vorstellen. Wie kann ein Leben so schnell zu Ende sein? Hoffentlich muß Mama nicht so früh sterben. Dann ist für mich alles aus. Ich bin darum so unruhig.

7. September 89

Ich gehe zur Beerdigung von Frau W. Das gehört zum Leben, und ich will nicht die Augen davor verschließen. Außerdem war es eine nette Frau, die auch mich beachtet hat.

Eine Beerdigung ist etwas Schreckliches. Wenn ich lachen mußte, dann aus Betroffenheit. Es war ja so feierlich, die Leute in Schwarz und die schönen Blumen. Der Herr W. war so weiß im Gesicht. Ich weiß, was er empfindet, er denkt, daß er eine Last war. Und wem soll er nun zur Last fallen? So wird es mir auch mal gehen.

Mama, paß auf und schone dich! Ohne dich kann ich nicht leben. Keiner opfert sich so auf wie du. Verstehst du, warum ich das alles so schwer ertragen konnte? Ich dachte an Mamas Beerdigung. Gott darf es nicht tun. Nein!

7. September 89

Liebe G.,

das war ein philosophischer Brief mit autobiographischem Anhang. Der Anhang hat mich sehr amüsiert. Nun mache ich mir ein Bild von Dir und habe eine Vorstellung, wenn ich schreibe. Ein Foto bei Gelegenheit würde mich freuen.

Ich schreibe gern. Es macht mir immer mehr Spaß, seit ich mit so verschiedenen Menschen korrespondiere.

Ich mache übrigens z. Z. viel Bio und Chemie und merke, daß die Medizin mich auch interessieren könnte. Ich würde gern herausfinden, wo in meinem

Nervensystem es hakt. Das war in meinem Fernkurs gerade dran, und ich habe eine Vorstellung bekommen, wie das alles abläuft. Bei mir geht vieles nicht automatisch, und das macht soviel Mühe. Das ist auch das Problem beim Sprechen. Ich muß mir überlegen, an welcher Stelle welcher Laut gebildet wird.
Da kann man wohl faul werden, weil alles so mühsam ist.
Nur mit dem Kopf bin ich schnell, vielleicht schneller als andere. Wenn ich auf meinem Bett liege, arbeitet mein Gehirn immerfort, und es kommt etwas dabei heraus, das ich so schnell gar nicht in Motorik umsetzen kann, d. h. zu Papier bringen kann, was ja auch eine motorische Seite hat. Ich vermute, daß mein Kleinhirn einen Schaden hat und daß etwas mit den Transmittern nicht stimmt. Aber wer kann so etwas richtig beurteilen? Interessiert Dich das? Du könntest ja später so etwas als Doktorarbeit machen...

Für heute liebe Grüße von Dietmar

14. September 89

Ein Schulausflug mit einer Gymnasialklasse ist etwas Schönes. Ich habe mich auch als Außenseiter recht wohl gefühlt. Die haben nicht einmal besonders dumm geguckt... Vielleicht weil sie mich kannten und schon wußten, daß ich behindert bin. Es war auch gar nicht übermäßig laut. Ich konnte es recht gut ertragen. Was ich aber beobachtet habe, hat mich traurig gemacht. Es gibt Außenseiter. Da ist ein Junge mit einer dicken Brille, der abseits stand, und ein T., der etwas ungelenk, aber sehr lieb wirkt. Er hat bei Mama Anerkennung und Beachtung gesucht.

16. September 89

Liebe U.,
ich habe mich über Deinen Urlaubsgruß sehr gefreut. Aber zum Antworten komme ich erst jetzt. Ich habe inzwischen so viel «Fanpost» bekommen, daß ich es kaum noch schaffe, allen zu antworten. Aber ich freue mich immer noch über jeden Brief. Daß Du einen R. hast, war mir neu. Ist das eine feste Beziehung? Das wünsche ich Dir. Mein Bruder Gernot hat ja geheiratet und ist mit seiner Maren wohl sehr glücklich. Ich glaube, daß es wirklich das beste ist, in einer festen Beziehung zu leben. Für mich wäre aber so etwas nicht drin. Das wäre eine Zumutung und eine einseitige Sache.
Mich kann man ja eigentlich nur bemuttern. [...]
Mach es gut und schreib mal wieder Dietmar

18. September 89

Bei Frau P. war mal wieder etwas los. Wenn ich mich erinnere, das geht an die Substanz. Alles kann ich in die Gegenwart holen. Nichts scheint vergessen zu sein. Meine Gefühle kann ich nun ganz gut sortieren. Und das ist die Hauptsache. Ich habe auch Haß empfunden, das mußte aber so sein, und dazu kann ich ruhig stehen. Mich haben ja Menschen behandelt wie ein Nichts. Aber wer haßt, muß auch lieben können. Das ist das Gegenstück dazu, zwei Pole des Menschseins. Wer beides erfahren hat, hat das Menschsein erprobt. Und das habe ich. Meine Liebe ist stark und gewaltig, aber nicht vom sexuellen Trieb bestimmt. Das macht sie besonders wertvoll.

19. September 89

Mein Bruder Rüdiger muß in Heidelberg ein Zimmer finden, sonst kann man den Studienplatz vergessen. Er kann ja nicht auf der Straße liegen. Außerdem ist er ein netter junger Mann, den man unterstützen muß. Was soll nur werden, wenn er nichts findet?

Was ist das Leben ohne Wohnung? Man braucht doch ein Nest. Sonst ist man nicht geborgen. Ich könnte nicht auf der Straße leben. Bei uns zu Hause ist es am besten. Da gibt es nicht nur Wohnraum, sondern Liebe gratis dazu, und das im Übermaß.

20. September 89

Mein Freund Rolf war endlich da. Er ist noch der alte.

Er mag mich wirklich und ist immer noch stolz auf mich. Er hat wirklich viel profitiert und ist reifer geworden. Ich mag ihn sehr.

Was hat doch mein Buch alles bewirkt! So eine Wirkung! Wer hätte mir das zugetraut? Im Leben kommt vieles anders, als man denkt. Die Schwachen erweisen sich als stark, und Starke scheitern. Ich jedenfalls bin nicht mehr mutlos und bemüht, mein Leben zu meistern mit den Möglichkeiten, die ich habe. Rolf hat erkannt, wie ich mich in der Schule zusammengenommen habe.

21. September 89

Lieber Rolf,
es war so schön gestern. Ich freue mich so darüber, daß Du mich so positiv siehst und auf meiner Seite bist. Das tut so gut. Seit ich Anerkennung bekomme, kann ich meine Behinderung akzeptieren. Es geht mir gar nicht so schlecht. Ich habe Glück gehabt trotz meiner schlechten Lebensbedingungen über lange Zeit. Aus dem Abstand sieht alles anders aus. Ich bin stärker geworden durch die Schwierigkeiten, die es gegeben hat. Ich habe um Liebe gebuhlt, besonders bei Dir, und war dabei ganz schön aufdringlich. Mir blieb ja gar keine andere Wahl. Am Ende habe ich bekommen, wonach ich mich gesehnt habe, Liebe und Anerkennung. Ich verdanke Dir viel. Das hast du wohl auch begriffen. Ich nehme Beziehungen auf, das kann keiner bestreiten, und Frau P. sieht es auch so. Insofern bin ich nicht mehr sehr autistisch. Aber ich habe ja noch andere Behinderungen. Mein ZNS (Zentralnervensystem) ist nicht in Ordnung, das spüre ich mehr und mehr. Ich will ja und kann nicht. Ich strenge mich an, und vieles gelingt nicht. Ich sehe das alles ganz realistisch und versuche, mit meinen Grenzen ein erfülltes Leben zu leben. Mich setzt keiner unter Druck, das ist gut so.

Mach es gut und grüß die Schule Dein Dietmar

22. September 89

Lieber W.,
ich habe mich sehr gefreut über Deinen Brief.
Du willst nicht sprechen, aber Du kannst es. Ich möchte

sprechen, aber es geht vor lauter Angst nicht. Ich spreche nicht gut, und das weiß ich genau und habe es immer gewußt. Ich habe Angst, nicht schnell genug die Laute bilden zu können. Es geht ja nicht automatisch.
Was hast du Schlimmes erlebt, daß Du nicht sprechen willst? Und warum liest Du nicht? Das kannst Du doch auch heimlich tun und lieferst Dich damit überhaupt nicht aus. So habe ich es gemacht. Deine Mutter muß doch gar nichts davon merken. Wer will schon, daß die Mutter alles kontrolliert? Ich habe meiner Mutter auch ein Schnippchen geschlagen, indem ich lange nicht gesagt habe, was ich alles gelesen habe. Man hält Dich für blöd, schreibst Du. So etwas kenne ich auch. Dann flippe ich auch aus und bin dann so, wie die Leute es erwarten. Ich weiß aber inzwischen genau, daß ich nicht «blöd» bin, und habe keine Minderwertigkeitskomplexe mehr. Ich lebe, wie ich will, und lebe gern und sehe einen Sinn in meinem Leben.
Von «Kennern» halte ich nicht viel. Ich helfe mir lieber selber und lasse mir von meiner Familie helfen. Ich will nie wieder von der Gnade der «Kenner» abhängig sein.
Gibt es überhaupt «Kenner»? Ich behaupte nein. Du kannst mir immer wieder schreiben. Ich freue mich darauf.
Wir sind doch die «wahren Kenner». Oder nicht?

Viele Grüße Dietmar

24. September 89

Liebe Nada Weigelt,
danke für den netten Brief. Aber ein Foto gibt es nicht. Ich habe es ja schon deutlich gesagt. Ich hasse jeden Personenkult. Wichtig ist, was ich geschrieben habe, nicht, wie ich aussehe. Das lenkt doch nur vom Eigentlichen ab, nämlich daß ich für Menschen um Verständnis werben will, die sich selbst nicht darstellen können.
Um meine Person soll man nicht so viel Rummel machen. Aber für die Sache schon. Da kann der Rummel gar nicht groß genug sein, damit die Leute endlich etwas merken. Ich weiß doch genau, daß es für Autisten nur unzureichende Hilfen gibt.
Fast täglich höre ich Telefongespräche mit, aus denen das klar hervorgeht.
Hoffentlich kommt das bei Ihrem Bericht heraus.

Viele Grüße Dietmar Zöller

26. September 89

Morgen kommt E., mein Freund aus der Schweiz. Ich bin gespannt. Hoffentlich kann ich etwas mit ihm reden. Er würde wohl Geduld haben und hinhören. Weiß denn meine Mutter, daß ich wieder sprechen üben will? Es muß doch gehen. Ich sollte mehr Mut haben. Andere sprechen auch schlecht und tun es doch. Ich denke an den komischen J. R. Der hat soviel Selbstbewußtsein und spürt offensichtlich nicht, daß er eine Macke hat. Ich habe das zu früh gemerkt und darum aufgegeben. Das hätte ich nicht tun sollen. Dann hätte ich mehr

Übung bekommen. Das ist eine späte Reue. Nun muß ich wieder neu beginnen.

30. September 89

Jedes Jahr am Erntedankfest wird mir signalisiert, daß meine Eltern für mich nicht dankbar sein müssen. Dank für die gesunden Kinder mit den roten Wangen. Da sollte man dreinschlagen. Das ist ein Gesundheitskult ersten Ranges. Ich jedenfalls will ein lebender Beweis dafür sein, daß sich auch ein behindertes Leben lohnt.

Ich werde noch mehr darüber schreiben müssen, sonst glaubt es keiner. Ich kann es wohl glaubhaft vermitteln, denn ich hatte einen schlechten Start fürs Leben. Aber nun will ich leben und sehe meine Aufgabe darin, etwas ins Bewußtsein der Menschen zu rücken, was verlorenging. Sinnvolles Leben ist nicht an Gesundheit gekoppelt.

2. Oktober 89

Was wäre das Leben ohne Liebe? Ich bekam so viel davon, daß ich etwas abgeben könnte. Was man aber in sich hat, bleibt erhalten und reicht für ein Leben aus. Ich konnte heute Frau P. überzeugen, daß Liebe Flügel hat. Was alles ich ausdrücke, ist voller Liebe und ohne Haß. Das ist so faszinierend für sie. Andere würden hassen und zurückgeben, was sie an Kränkungen erfahren haben. Ich habe es nicht nötig, Haß zu zeigen, ich verdränge ihn auch nicht.

Aus Haß und Wut habe ich gelernt, und nun habe ich es nicht nötig, Haß abzureagieren.

Wenn ich besser reden könnte, wäre alles noch einfacher.

6. Oktober 89

Lieber E.,
danke für Deinen lieben Brief. Du läßt mich also nicht hängen, trotz meines ausgeflippten Benehmens. Ich weiß selbst nicht genau, was mit mir los war. Etwas war ich verwirrt, daß du gar nicht mehr krank bist und ein ganz normaler Mann in den besten Jahren. So werde ich nie, das habe ich schnell bemerkt. Es war aber trotzdem nett, daß Du bei uns warst. Wenn wir uns mal wieder treffen, kann ich mich sicher besser zusammennehmen. Im Augenblick ist meine Mutter krank und kann nicht in die Schule gehen. Das kam noch nicht oft vor in meinem Leben, daß ich erleben konnte, daß sie schwach ist.
Was soll ich Dir noch schreiben? Es gibt wenig Neues. Meine Mutter muß sich heute noch schonen und darf nicht raus.
Schade.

Viele liebe Grüße von Dietmar

9. Oktober 89

Es war mal wieder eine Sternstunde. Ich kann sehr wohl einen Kontakt gestalten und die Führung übernehmen. Keiner soll mehr behaupten können, ich sei nicht beziehungsfähig. Es wollte nicht abreißen, das Band der Beziehung. Was kann man alles gestalten, wenn man die Ordnung im Kopf hergestellt hat und seine Gefühle beschreiben kann! Ich glaube immer noch, daß ich da ein Mensch wurde, als ich lernte, Gefühle zu unterscheiden.

25. Oktober 89

Liebe Frau St.,*
ich möchte noch einmal einen Versuch wagen, um sprechen zu lernen, so daß Außenstehende es verstehen können. Nur meine Mutter versteht mich auch so. Ich spreche die Konsonanten zu schlecht, obwohl ich es manchmal kann. Ich muß so viel dabei denken, weil es nicht automatisch geht. Ich habe aber auch viel Angst beim Sprechen und trau mich nicht.
Bei Ihnen werde ich auch erst Angst haben. Dann geht nichts mehr. Aber ich will es noch schaffen, weil ich sonst keine Chance im Leben habe. Ohne Sprache steht man immer außen vor und ist ausgeschlossen.

Viele Grüße Dietmar Zöller

8. Oktober 89

Liebe G.,
Du bist so eine lustige Person. Es macht mir richtig Spaß, von Dir Post zu bekommen. Nun weiß ich, wie Du aussiehst, ganz apart. [...]

* Logopädin

25. Oktober
So etwas Dummes! Habe ich doch den Brief halbfertig liegen lassen. Es war zu viel los bei uns.
Heute bekam ich die Nachricht, daß die holländische Ausgabe meines Buches fertig ist. Das ging ja wirklich schnell. Jetzt lerne ich am besten auch noch Holländisch. Ich werde wohl morgen die Autorenexemplare bekommen. Wenn ich dann Briefe aus den Niederlanden bekomme, wird es schwierig, es sei denn, daß die Leute Deutsch können.
Ab Montag gehe ich als Gastschüler in eine Waldorfschule. Darauf freue ich mich. Es ist ganz schön langweilig, wenn man den ganzen Tag zu Hause ist.

Viele Grüße Dietmar

Zu Gast in einer Waldorfschule

30. Oktober 89

Ich weiß, daß ich (in der M.-B.-Schule) unmöglich war. Ich brauche die ganz feste Hand meiner Mutter, sonst geht es nicht.

Lachen hat bei mir eine andere Qualität als bei anderen Leuten. Ich konnte noch nicht sortieren. So viele fremde Leute und ein Lehrer, den ich nicht durchschaue, weil der so schön ist und aalglatt. Ich weiß noch nicht, was ich davon halten soll. Aber ich will es schaffen. Es geht morgen bestimmt besser. Ich spüre es.

11. November 89

In der Schule war es toll. Nun wissen die, daß ich ein guter Schüler sein könnte. Das war ein Staunen über meinen Aufsatz. Herr D. findet, daß die von mir lernen können, wie man seine Gedanken ordnen kann. Auch meine Ausdrucksweise sei sehr treffend. Man könne mich als Bereicherung für die Klasse ansehen.

15. November 89

Meine Aufsätze wurden bestaunt, und ich habe mich gefreut, daß man mich anerkannt hat. Wenn ich auch komisch bin, denken und urteilen kann ich wohl.

Ich möchte gern in der Klasse bleiben und auch mit in andere Fächer gehen. Aber ich fürchte, daß das nicht geht wegen der Bürokratie. Ich müßte ja wohl Schulgeld zahlen. Das könnte ich sogar tun von meinem eigenen Geld.

16. November 89

Lieber Herr D.,
ich möchte Ihnen noch erklären, was ich in meinem Aufsatz mit «Integration des Bösen» gemeint habe, woraus durchaus etwas Positives entstehen kann.
Wenn man die bösen Seiten in einem nicht akzeptieren kann und sie auch vor sich selbst leugnet, dann verdrängt man sie. Man merkt dann gar nicht mehr, wie diese Kräfte wirken. Es kommen z. B. Depressionen zum Vorschein, für die man selbst keinen Anlaß sieht und über die man erschrickt.

Wenn ich mir bewußt werde, wen ich warum hasse, kann ich damit umgehen und die Kraft des Hasses umleiten, indem ich mich auf eine Aufgabe stürze und eine «Wut» entwickle, die etwas Positives bringt. Ich selbst kann so etwas.

Eine unbeschreibliche Wut auf die Leute, die mich dumm halten wollten, hat dazu geführt, daß ich in einer Lese- und Lernwut mir ganz viel beigebracht habe. Ich mußte dann nicht mehr die Wut auf mich selbst oder andere richten. Ich habe in gewisser Weise das Zerstörerische in mir nicht unterdrückt, sondern geordnet und umgeleitet.

Ich weiß, daß das vielen Autisten nicht gelingt. Die bleiben aggressiv und verletzen unter Umständen auch andere. Ich weiß von einem Jugendlichen, der sich auf seinen Vater stürzt, so daß schon einmal die Polizei geholt werden mußte.

Dietmar

19. November 89

Lieber W.,

danke für Deinen Brief. Ich habe früher meine Briefe auch so in Etappen geschrieben wie Du. Ich hatte oft auch nur Ausdauer für wenige Sätze. Ich freue mich über Deine Briefe, auch wenn sie kurz sind und Du meine Fragen nicht beantwortest. Vielleicht habe ich wirklich zu schwere Fragen gestellt. Ich muß Dich ja auch erst kennenlernen, damit ich mich auf Dich richtig einstellen kann.

Ich bin im Augenblick sehr beschäftigt. Morgens gehe

ich als Gastschüler in eine Waldorfschule. Dann habe ich zweimal in der Woche Psychotherapie und einmal wöchentlich fahre ich zu einer Logopädin nach Pforzheim.
Ich will versuchen, ob ich nicht doch noch deutlich sprechen lernen kann. Du müßtest mal zusehen, wie ich vor dem Spiegel übe: bä, ba, bö usw. Und meiner Mutter muß ich die Zunge rausstrecken. Das ist ganz lustig.
Eben habe ich mit meinem Vater meinen Bruder Rüdiger zur Bahn gebracht. Rüdiger studiert in Heidelberg Psychologie. Er hat ein Zimmer gemietet, das noch keine Tür hat. Der Vermieter vertröstet ihn von einem Tag zum anderen. Das ist doch unverschämt. – Aber auch wieder ein Glück für mich. Solange Rüdiger keine Tür hat, kommt er am Wochenende nach Hause. Ich habe meine Brüder so gern und vermisse sie. Mein Bruder Gernot ist verheiratet und hat mir eine liebe Schwägerin beschert.
Soviel für heute.

Viele Grüße Dietmar

23. November 89

Ich finde wirklich die Schule in Ordnung ... Ich brauche keine Superlehrer, sondern Menschen, die mit Menschen umgehen können und Emotionen zeigen. Daß es mal hitzig hergeht, ist nicht schlimm. Das macht Spaß.

Ich beobachte die Leute, was sie bewegt und was sie denken und sagen. Ich will unter Menschen sein und auch noch etwas lernen. Wenn man mich nähme, wäre das ein Ansporn für mich, noch etwas zu schaffen, auch hinsichtlich der Sprache.

Aber es ist ja alles so kompliziert, wenn man behindert ist und nirgendwo hinpaßt. Da muß meine Mutter schon nette Worte setzen und die Leute beschwatzen.

. . . aber es ist doch wohl unsicher, ob ich in die Schule kann. Das macht mir angst, und ich werde unruhig und albern. Wenn das doch erst vorbei wäre! Was macht man zu Hause? Alles ist langweilig und fade. Ich muß raus aus der Bude, sonst gibt es einen Koller.

28. November 89

Lieber Dietmar,
rechtzeitig möchte ich Dir schreiben – dazu habe ich gerade Zeit zwischen Schule und Kochlöffelschwingen. Dabei habe ich aus meinen Unterlagen einen Zettel vom alten F. F. gefunden, datiert vom 8. 3. 84.
In diesen rudimentären Aufzeichnungen wurde mir ein gerade 14jähriger Junge vorgestellt, daß einem angst und bange werden konnte: «Spricht nur mit der Mutter, nimmt kein Buch in die Hand, manchmal distanzlos, zeigt Stereotypien», schlägt mit dem Tisch auf den Kopf – äh – umgekehrt . . .
Und dieser Junge von damals ist heute mein Freund. Den Jungen kenne ich nicht mehr – aus ihm ist ein alter Sack geworden, ein liebenswerter dazu, ohne all diese Macken, vielleicht noch mit ein paar kleinen . . . Aber wer hat keine Macken – den möchte ich gerne mal sehen . . .

Wie schon angekündigt, werde ich an Deinem Zwanzigsten nicht erscheinen können – deshalb heute schon: Ich wünsche mir für Dich einen schönen Tag, ein erfolgreiches Jahr, in dem sich eventuell für Dich einiges verändern wird – hoffentlich Erfolge mit der Aussprache und viele interessante Epochen in der Schule.
So mein Lieber, denke daran, daß Du im Schwäbischen erst mit 40 Jahren gescheit wirst, genieße noch Deine jungen Jahre, besonders Dein Zuhause, und vergiß bitte nie, mir zu schreiben – deshalb Papier und Bleistift.
Sei herzlich gegrüßt und «feire» (schwäbisch) anständig mit Deinen Lieben.

Dein Rolf

9. Dezember 89

Alles ist Scheiße. Wer nimmt denn einen Behinderten auf? Das macht doch kein Waldorflehrer. Ich sollte alles hinwerfen . . . Alles Scheiße, das ganze Leben. Was soll mir der Ruhm meines Buches? Es bringt doch alles nichts. Wer hilft mir?

10. Dezember 89

Es sollte dieses Leben ein Ende haben. Ich habe keine Lust mehr, um Liebe zu buhlen und um Barmherzigkeit zu flehen. Ich lasse mich in die Psychiatrie bringen und ruhig stellen, bis ich sterbe.

11. Dezember 89

Es geht wieder besser. Ich gebe nicht auf. Die Waldorfschule kann mich mal, dieser elitäre Haufen. Als ob mein Leben davon abhinge. Frau P. kann das aber auch nicht verstehen und ist sauer. Es sollte doch möglich sein, einen Menschen wie mich zu tolerieren. Was denken sich die Leute dabei? So eine Verletzung ist doch nicht leicht zu nehmen. Was ist das doch für ein Unverständnis meiner Behinderung gegenüber. Was Frau P. interessiert, ist die Begründung. Es geht doch nicht an, Hoffnungen zu wecken, um sie dann wieder zu zerstören.

13. Dezember 89

Liebe G.,

zu Weihnachten einen besonderen Gruß außer der Reihe. Ich hoffe, daß es Dir besser geht als mir. Es war für mich mal wieder alles vergeblich. Ich wollte noch einmal in die Schule gehen, und zwar in die Oberstufe einer Waldorfschule. Aber ich wurde abgelehnt, und nun stehe ich wieder vor dem Nichts. Ich weiß es nun endgültig, daß ich keine Chance habe. Ich will aber trotzdem nicht aufgeben, Sprechübungen zu machen. Das läuft bei der Logopädin ganz gut an. Die hat nämlich recht. Man muß so lange üben, bis die Bewegungsabläufe im Gehirn richtig gespeichert sind und abgerufen werden können. Aber es ist ganz schön schwierig zu üben, wenn man keine Lebensperspektive hat. Es ist alles viel schlimmer, wenn man erwachsen ist. Ich wurde 20 Jahre am 2. Dezember und bin doch noch so

abhängig und auf Hilfe angewiesen. Es wirft mich auch jede Enttäuschung noch um. Das hat man jetzt wieder gesehen. Ich sinke dann in ein tiefes Loch und bin zu nichts mehr zu gebrauchen.
Aber ich will Dich damit nicht langweilen. Dir wünsche ich ein schönes Weihnachtsfest und ein erfolgreiches 1990.

Viele Grüße Dietmar

12. Dezember 89

Lieber Dietmar!
Ich fand es wirklich gut, daß Du in der Faust-Epoche bei uns in der Klasse warst. Ich dachte manchmal, als Du in Deiner eigenen Sprache geredet hast, etwas zu verstehen. Dabei bin ich mir aber unsicher, denn ich könnte ja auch alles falsch verstehen. Du schreibst auch, daß Du hinter die Maske schaust. Wenn ich versuche, über «meine» Maske nachzudenken und darüber, daß ich, wenn ich sie ablege, vielleicht sofort wieder eine andere aufziehe, ohne es zu merken, fängt in meinem Kopf alles an sich zu drehen. Vielleicht ist dieser Zustand ja mit dem Durcheinander der Sinneswahrnehmungen, die Du ordnen mußt, vergleichbar.
Ein paar Mädchen aus der Klasse und ich hatten uns überlegt, Dich zu besuchen, vielleicht in den Weihnachtsferien, wenn es Dir recht ist. Wenn es Schnee hat, könnten wir ja vielleicht Schlittenfahren! [...]
Daß du nicht weiter in der Klasse aufgenommen wirst, finde ich sehr schade! Ich glaube, die Lehrer haben gar nicht begriffen, wieviel Dir daran lag. Aber, soviel ich

weiß, besteht ja der Lichtblick, daß Du vielleicht wieder zu einer anderen Epoche kommen darfst!
Ich würde mich wirklich sehr freuen, wenn Du mir mal schreibst!

Viele liebe Grüße von D.

13. Dezember 89

Hallo Dietmar!
Wie geht es Dir? Hoffentlich bist Du nicht mehr allzu traurig, daß Du nicht weiter kommen kannst. Wir haben uns alle sehr für Deinen Wunsch eingesetzt und verstehen auch die Entscheidung der Lehrer nicht, vor allem weil sie ihren Standpunkt gar nicht erklärt haben.
Ich muß zugeben, daß ich durch Deinen Besuch in unserer Klasse zum ersten Mal richtig Kontakt zu einem Behinderten hatte. Du kennst das sicher, daß manche Menschen nicht so recht wissen, wie sie mit Dir umgehen sollen, genauso ging es mir bis jetzt auch. Ich habe mir dann auch immer überlegt, was Du wohl von uns und unserem Unterricht denkst.
Ich finde es unheimlich schade, daß es so unsichtbare Schranken zwischen Menschen geben kann, ich habe mich auch nicht getraut, Dich einfach anzusprechen. Da merkt man erst, wie unsicher man selbst eigentlich ist, wenn man in «ungewohnte» Situationen kommt.
Ich wünsche Dir und Deiner Familie ganz besonders schöne Weihnachten und ein gutes neues Jahrzehnt.

Alles Gute Deine J.

16. Dezember 89

Liebe D.,
ich weiß nicht genau, welche von den netten Mädchen aus der 12. Klasse Du bist. Ich habe nur eine Vermutung. Das ist nun schon der zweite Brief, den ich aus Eurer Klasse bekommen habe. Das hat mir Freude gemacht, nachdem ich einige Tage in einem tiefen Loch war, weil ich die Ablehnung durch Eure Lehrer nicht verstehen konnte. Nun geht es wieder besser, so daß ich auch anfange, ohne Verbitterung an Eure Schule zu denken. Aber kommen werde ich nicht, das verkrafte ich nicht. Die Enttäuschung war zu groß. Man hätte mich ja gar nicht in allen Fächern zulassen müssen. Ich wäre wohl freiwillig weggeblieben, wenn ich gespürt hätte, daß mich ein Lehrer nicht verkraftet. Es sollte nicht sein. Nun sitze ich wieder den ganzen Tag zu Hause. Du hast also mein Buch aufmerksam gelesen. Ich bin aber nicht so, daß die Menschen vor mir Angst haben müßten, weil ich manchmal zu viel mitkriege. Ich würde diese Fähigkeit nie ausnutzen wollen. Das ist ja eher eine Belastung.

Ob ich einen Besuch von Euch verkrafte, weiß ich im Augenblick noch nicht. Es tut noch ziemlich weh, wenn ich an Eure Klasse denke. Es wäre für mich eine Chance gewesen.

Aber vielleicht ist es auch wichtig für mich zu begreifen, daß ich keine Chance habe, weil ich zu komisch bin.

Ich wünsche Dir ein schönes Weihnachtsfest und ein gutes 1990.

Dietmar

30. Dezember 89

Lieber Rolf,
danke für Deinen Weihnachtsgruß, den ich erst gestern gelesen habe. Wir waren in Norddeutschland, weil mein Opa am 22. 12. gestorben ist. Ich habe ihn sehr geliebt, weil er so still war und so nachdenklich. Er war ein Außenseiter wie ich, mit viel Tiefgang und von vielen Menschen verkannt. Ich habe zum ersten Mal einen Toten gesehen, und es war gar nicht schrecklich, denn er sah ganz lieb und friedlich aus. Am Tag nach Weihnachten war die Beerdigung. Das war sehr feierlich. So viele schöne Kränze und Blumen wurden gebracht. Nun sind wir zu Hause, und ich denke immer an meinen lieben Opa, wie er war, als er noch lebte.
[...]
Dir und Deiner Familie wünsche ich ein gutes 1990. Kommst Du mal?

Viele Grüße Dietmar

30. Dezember 89

Liebes Silberpaar,*
ganz herzlich gratuliere ich Euch zu diesem Jubiläum. Es ist doch wohl eine Gnade, wenn man in einer zweiten Ehe noch einmal 25 Jahre geschenkt bekommt. Ich bedanke mich auch noch herzlich für alle lieben Geschenke, die ich zum Geburtstag und zu Weihnachten bekommen habe. Der Bildband von der Türkei ist besonders schön und lehrreich. Wir haben ja vieles gese-

* Großeltern in Siegen

hen, als wir dort waren. Es sind unvergeßliche Erlebnisse und Eindrücke geworden.
Ich wollte Euch eigentlich zu Weihnachten schreiben, aber da ging es mir ziemlich schlecht, und dann kam die traurige Nachricht von Opas Tod. Ich denke noch oft an ihn, der auf dem Totenbett so lieb und friedlich aussah, als hätte er es besser als im Leben. Ich dachte, der Tod sei schrecklicher. Aber nun will ich nicht mehr vom Tod reden.
Ihr sollt noch lange leben, das wünsche ich Euch von Herzen.

Viele liebe Grüße von Eurem Dietmar

Der vierzehnjährige Julian (so stelle ich mir mein Patenkind in vierzehn Jahren vor), 1991.

Maria, Weihnachtsbild, 1991
Maria sagt: «Ich verstehe das Weihnachtswunder nicht.»

Haus in Skandinavien (Geborgenheit in einsamer Gegend), auf Seide gemalt, 1986.

Dz
(91)

Maren und Gernot unterwegs, 1991.

1990

1990 war für mich ein Jahr, in dem mich das Thema «Abschied» besonders beschäftigt hat. Ich habe von meinem geliebten Opa Abschied nehmen müssen.

Das Haus meiner Großeltern in E., einem Dorf in Westfalen, hat mir immer viel bedeutet. Es war ein Stück Heimat, wo ich so sein durfte, wie ich nun einmal bin. Das Haus ist mir erhalten geblieben, und ich kann wenigstens noch meine Oma besuchen. Aber es hat sich viel verändert, weil Opas Platz in der Sofaecke leer ist.

Abschied habe ich auch von Frau P. genommen, die vier Jahre lang meine Therapeutin war und der ich viel verdanke. Das ist nun aber ein anderer Abschied als der von Opa. Es war mehr eine Ablösung, die von mir gewollt wurde und die ich bewußt durchgestanden habe.

Gedanken zum Tod meines Opas

3. Januar 90

Mein Opa war ein einsamer Mensch. Niemand hat ihn verstanden und ist mit ihm klargekommen. Er saß in seinem Sofa, als wäre er gar nicht dabei. Manchmal hat er mich an sich gedrückt, und dann habe ich gespürt, daß er mich mochte.

Auf dem Totenbett konnte man erkennen, was für ein feinsinniger Mensch Opa in Wirklichkeit war.

Was habe ich wohl von seinem Erbe abbekommen? Ich glaube, daß ich ihm ähnlich bin.

11. Januar 90

Wenn ich noch einmal den Opa treffen könnte, wäre ich zufrieden und könnte seinen Tod besser akzeptieren. Ich stelle mir immer vor, wie er im Sofa sitzt und auf etwas wartet, vielleicht auf meine Liebe. Ich hätte ihm noch Zuneigung schenken können. Ich habe ihn ja wirklich geliebt, und vielleicht hat er es sogar gewußt.

Was für ein Mensch war er wirklich? Das kann ich nur ahnen. Nie ist er aus sich herausgekommen. Nie habe ich ihn frei erlebt. Immer war er gebremst und verändert durch Medikamente, die verhinderten, daß er er selbst sein konnte.

Welch ein Mensch! Ein Heiliger am Ende? Einer, der für dieses Leben nicht begabt war? Ich habe gespürt, daß er etwas Besonderes war. Auch im Sarg hat man es noch merken können. Darum waren wohl auch alle so betroffen.

14. Januar 90

Es kommt langsam Klarheit in meine Gefühle. Ich bin jetzt weniger traurig, weil ich weiß, daß für Opa das Leiden ein Ende hat. Es war ja manchmal nicht anzugucken, wenn er so hilflos und fertig war. Bei Gernots Hochzeit zum Beispiel hatte ich großes Mitleid mit ihm. Er wäre wohl lieber nicht gekommen. Es war sein Bemühen, alles richtig zu machen, das ihn die Strapaze auf sich nehmen ließ.

Was hat ein Mensch vom Leben, für den alles Mühsal ist? Er kann ja gar keine Freude empfinden. Mir selbst ging es ja auch früher so schlecht, daß ich am liebsten gestorben wäre.

15. Januar 90

Ich denke nun nicht mehr über Opas Tod nach, sondern über das Sterben allgemein. Alle Menschen sind sterblich und müssen sich bewußt sein, daß ihr Ende einmal kommt.

Ich kann aber ohne meine Mutter nicht leben, darum muß ich nach Möglichkeit vor Mutter sterben. Aber das kann ich nicht bestimmen. Opa hätte auch nicht allein leben können. Darum war es gnädig, daß er vor Oma sterben durfte. Ich muß es ihm also gönnen. Aber der Gedanke, daß er verwest, ist entsetzlich. Das macht mir zu schaffen. Der Körper des Menschen wird also zu Dreck. Er zerfällt.

Mein eigener Körper ist mir so lieb geworden, daß ich ihn nicht aufgeben möchte.

16. Januar 90

Es geht immer wieder darum, Abschied zu nehmen. F. (ein Zivildienstleistender) geht bald weg, und dann muß ich mich wieder umstellen. Das fällt mir schwer. Außerdem wird mir klar, wie schwer ich es habe, sprechen zu lernen. Das bedrückt mich auch sehr. Ich hatte gehofft, daß es schneller geht, wenn ich mitmache. Es ist so mühsam wie das Laufenlernen. Aber ich muß es hinkriegen. Da hilft gar nichts. Ich gebe nicht auf...

19. Januar 90

Meine Felle schwimmen davon. Ich schaffe es nicht, was ich schaffen wollte. Meine Stimme ist anders als die anderer Leute. Das habe ich schon als kleines Kind gemerkt, und darum habe ich nie den Mut gehabt, zu sprechen. Nun merke ich es wieder und werde ungeduldig.

Ich möchte es doch packen, weil es so schwierig ist zu leben, ohne sprechen zu können. Man wird ja zwangsläufig zum Außenseiter. Ich will mich bemühen, aber die Mißerfolge machen mich fertig.

Was die Unruhe anbelangt, bin ich wieder Kind und durchlebe noch einmal die Enttäuschung, daß es mit dem Sprechen nicht geht wie bei anderen. Damals war ich auch frustriert und ganz weinerlich. Es war die Zeit bei Z.* Ich wollte es ja lernen, aber es war so schwierig, verstanden zu werden.

Ich habe dann aufgegeben. Das ist es und nichts anderes.

* in einer heilpädagogischen Gruppe

22. Januar 90

Es ist mir ein Rätsel, warum es noch nicht besser klappt mit dem Sprechen. Was ist das nur? Ich will es wissen. Sonst übe ich und übe, und es ist doch alles vergebens.

Ich habe bei Frau P. meine Gefühle gezeigt, die Liebe zu meiner Mutter und die Sorge um sie, weil sie ja sich opfert für mich. Es wäre so schön, wenn es gelingen würde, sprechen zu lernen. Dann wäre Mama belohnt und ich aus dem Schneider. Liebe macht alles möglich. Liebe hat Flügel und überwindet hohe Mauern. Das sagt Frau P., und sie ist keine Schwärmerin. Ich nehme die Herausforderung an.

Abschied von Frau P.

14. März 90

Es geht bald nicht mehr, daß ich immer an den Anfang zurück soll, wo doch am Anfang nichts war, da war ein Nichts. Ich möchte nicht mehr daran rühren und will langsam meine Ruhe wiederhaben. Es ist mir unmöglich, mich an die Babyzeit zu erinnern. Bald höre ich auf mit der Therapie. Ich übe lieber und schaffe etwas gegen mein kaputtes Nervensystem. Ich habe eine Idee. Ich übe reden und sage dann selbst, daß ich nicht mehr will.

Es gibt keine Therapie, die mich gesund machen kann. Ich muß üben und noch einmal üben. Das bringt etwas.

Ich weiß wirklich nicht, worauf Frau P. hinaus will. Sie denkt wohl, daß da etwas bei mir verborgen liegt, was raus will. Aber es ist alles so schwierig. Ich kann mich gar nicht beherrschen, wenn ich rauskomme. Alles ist aufgerissen und Chaos wie in der frühen Kindheit. Es darf nicht sein. Ich fürchte mich davor. Es soll nicht wieder so werden, wie es früher war.

Und psychotisch will ich auch nicht werden. Das meint sie doch. Ich mache nicht mehr mit. Es ist schwer, weil ich Frau P. gern habe, aber ihre Methode nicht.

Sie soll das lesen. Es muß geklärt werden. Ich weiß, was ich will: üben, üben, üben.

15. März 90

Ich habe hin und her überlegt, was ich machen soll. Ich habe Angst vor dem Chaos und fürchte, daß ich nicht wieder herauskomme. Ich werde mich wehren, wenn Frau P. mich noch einmal so weit kommen läßt, denn sie kann mir gar nicht helfen, wieder herauszukommen. Das habe ich nun gemerkt. Ich will auch nicht in die Psychose geraten. Das ist ja schlimmer als das, was ich erlebt habe. Ich will nicht mehr, aber ich weiß, daß sie es mir übelnimmt, weil ja der Erfolg noch aussteht. Ich kann aber nicht mehr, und das müßte sie auch merken.

Es geht nicht mehr. Ich kann nicht mehr. Was soll nur werden? Sie wird es nicht akzeptieren. Sie glaubt, daß es hilft, wenn ich das noch einmal durchlebe. Ich glaube das nicht und will es wirklich nicht. Aber ich will ihr auch nicht weh tun, das ist es ja. Ich habe das Gefühl, daß es schlimm ist, wenn ich den Ansatz in Frage stelle.

Ich habe immer gespürt, wenn etwas gut für mich war. Jetzt spüre ich, daß mir die Therapie schadet. Ich bleibe ja sowieso behindert. Warum soll ich so gequält werden? Es ist aus. Ich gebe auf und setze meine seelische Kraft anders ein.

17. März 90

Ich bin froh, daß Frau P. nicht mehr meint, daß ich durch eine Psychose muß. Hätte ich das doch früher gewußt, dann wäre mir viel erspart geblieben. Ich weiß es wirklich nicht, ob mir diese Therapie noch viel bringen kann. Es geht ja doch alles sehr langsam, wenn ich keinen Druck bekomme. Ein sanfter Druck wäre mir manchmal ganz recht.

Aber ich will Montag zur Therapie gehen. Ich will ja nicht einfach abbrechen, wie ich zuerst dachte, sondern aufhören im Einverständnis mit ihr.

19. März 90

Ich bin erleichtert. Sie respektiert es und ist nicht einmal böse. Im Gegenteil. Den Schritt wertet sie als Erfolg.

20. März 90

Ich will noch dreimal zur Therapie gehen, damit geklärt wird, was eine Übertragungsneurose ist. Da ist etwas dran. Ich mußte annehmen, daß sie will, daß es zu einer Explosion der Gefühle kommt. Nun bin ich froh, daß sie anders darüber denkt. Aber ich glaube, daß ich trotzdem aufhören sollte, damit ich wieder ruhiger und beherrschter werde und nicht dauernd ausflippe. Aber ich höre dann auf im Bewußtsein, daß sie mich nicht abgeschrieben hat, sondern durchaus einen Fortschritt erkennen kann.

Ich bin froh, wenn ich ihr schreiben darf. Das tu ich auch.

26. März 90

Sie ist wohl doch etwas traurig, und das macht mich fertig. Sie hat wohl nicht geglaubt, daß ich bei der Entscheidung bleibe. Ich verstehe das wohl, aber ich kann und will nicht zurück.

Es ist doch wirklich so, daß ich zu wenig übe, weil ich so unruhig bin. Das kann sie nicht so ganz verstehen, denn vom Üben hält sie nicht viel. Ich aber, und ich muß es doch wissen.

Nun dachte ich, es sei ausgestanden, und nun geht es wieder los. Aber ich ändere meine Meinung nicht. So sieht es aus.

27. März 90

Liebe Frau P.,
dies ist mein Abschiedsbrief erst einmal. Ich will es lernen, Abschied zu nehmen. Von meinem Opa mußte ich auch Abschied nehmen, und ich habe es geschafft. Natürlich ist das ein Unterschied, denn zu Ihnen kann ich zurückkommen. Sie waren für mich sehr wichtig, weil Sie mich ernst genommen haben. Wenn das nicht gewesen wäre, hätte ich es nie gewagt, das Buch unter meinem Namen zu veröffentlichen. Sie haben es ge-

schafft, daß ich zu einem gesunden Selbstbewußtsein gekommen bin. Das bleibt mir. Ich denke darum an Sie mit Dankbarkeit und nicht mit Bitterkeit. Die Rolle, die Sie zuletzt übernehmen mußten, habe ich inzwischen begriffen. Das war es, eine Übertragung. Ich höre auf, weil die Unruhe zu schlimm wird. Ich will mich beherrschen können. Das will ich wieder besser lernen. Alles Gute und danke.

Dietmar

22. März 90

Lieber Dietmar,
ich grüße Dich aus Kanada. Du bist sicher überrascht, von mir zu hören, aber ich habe gerade eine Übersetzung der Einleitung zu Deinem Buch «Wenn ich mit euch reden könnte...» fertig gelesen und habe das Bedürfnis, die Hand auszustrecken und danke zu sagen, herzlichen Dank für das, was Du ausgesprochen hast. Ich verstehe das und tue alles, um herauszufinden, wo ich stehe, um das Leben von Autisten zu verändern. Wir können Fortschritte machen, da bin ich sicher, und Deine Äußerungen bestätigen mich darin.
Ich begann in einem Wohnheim für Autisten zu arbeiten ohne jegliche Vorkenntnisse, obgleich ich ein Diplom (BA) in Psychologie habe. In dieser Einrichtung arbeitet man nach dem Ansatz: Autisten mangelt es an Selbstkontrolle. Es ist unsere Aufgabe, ihnen kontrolliertes Verhalten beizubringen, bis sie es begriffen haben. Wir müssen ihnen unsere Kontrolle ausleihen. So ist das ganze Programm auf Verhaltenskontrolle ausge-

richtet, wobei man nicht versucht, die Hintergründe des Verhaltens zu erkennen und damit zu arbeiten. Ich bin sicher, daß das Dich genauso aufregt wie mich. Zur Zeit werden diese Heime einer Überprüfung unterzogen und nachher hoffentlich geschlossen. Inzwischen arbeite ich neue Betreuungskonzepte aus, die bei den Problemen mit der Wahrnehmung ansetzen.
Während meiner Zeit in diesem Heim las ich die Akte eines unserer Neunjährigen, in der festgehalten war, daß man sein Gehör testete, indem man hinter ihm Mülleimerdeckel fallen ließ. Man hatte ihn für taub erklärt, weil er absolut keine Reaktion zeigte. Wir wußten, daß er nicht taub war, weil er uns zuhörte, und so wunderte ich mich über den Bericht. Mir schien es so, als ob sich dieses Kind mit drei Jahren besser kontrollieren konnte als ich. Ich könnte mich in solchen Situationen nicht so gut beherrschen. Warum um alles in der Welt versuchte ich, ihm kontrolliertes Verhalten beizubringen? Von diesem Zeitpunkt an gab ich acht auf die Wahrnehmungsprobleme. Aber ich durfte keine meiner Ideen anwenden, weil ich nach Anweisungen zu arbeiten hatte. Ich hörte nach neun Monaten auf, weil ich in so einem Umfeld nicht länger tätig sein konnte.
Wenn man mit Menschen arbeitet, die nicht sprechen können, weiß man oft nicht, was man tun soll. Man versucht sich vorzustellen, was abläuft, aber man kann seine Entscheidungen nur auf die eigenen Erfahrungen gründen. Es ist enorm hilfreich, Deine Äußerungen zu lesen, sie passen zu dem, was ich immer angenommen habe, wenn ich mit nichtsprechenden Menschen zu

tun hatte. Es tut mir gut, zu erfahren, daß ich sie richtig verstehe.
Es ist merkwürdig, daß schon Galton im 19. Jahrhundert auf dem Gebiet der Sinneswahrnehmungen als einer Basis der Psychologie arbeitete (IQ). Danach hat man das ignoriert. Was für eine Schande!!! Der wissenschaftlichen Welt mit all ihren Sachkenntnissen fehlt so viel. Ich habe versucht, im vergangenen Jahr die Autismus-«Experten» in der ganzen Welt dazu zu bringen, mich anzuhören. Sie schienen ganz und gar entschlossen zu sein, nichts davon gelten zu lassen, was ein autistischer Mensch zu sagen hat. Ich bin wütend über sie, und ich weine innerlich um all die lieben Menschen überall, die von der Meinung der sogenannten Experten so sehr gekränkt werden. In den USA wurden vom National Institute of Medicine wieder mal Elektroschocks als akzeptable Methode zugelassen, um das Verhalten von Autisten unter Kontrolle zu bringen. Wie entsetzlich!
Und doch schreibst Du ein Buch, das sich an Millionen wendet. In Alberta (Kanada) wird dadurch etwas verändert ... ganz gleich, wie sehr ich mich anstrengen muß, um die Leute zum Zuhören zu bringen. Danke für alles.
Ich will nun schließen. Mach's gut und hör nicht auf zu kämpfen. Es gibt hier drüben Menschen, die Verständnis dafür haben, sogar die unter uns, die nicht autistisch sind. Wir sind Dir dankbar.

Deine
Gail Gillingham

(Übersetzt aus dem Englischen von D. Z.)

4. März 90

Lieber Dietmar,
ich habe in den Ferien Dein Buch fertiggelesen. Deine Art, Deine Erfahrungen mitzuteilen, hat mich sehr beeindruckt. Für unsere gemeinsame Arbeit und das *gemeinsame* Lernen (dies ist mir besonders wichtig, daß Du verstehst, daß ich auch von Dir lerne!) wäre für mich wichtig zu erfahren, wie Du wahrnimmst. Deshalb habe ich hier einige Fragen formuliert, die ich Dir auch während der Feldenkrais-Kinästhetik-Einzelarbeit immer wieder stellen werde:

Welche Unterschiede können wir wahrnehmen?

Kontakt	fest, zart, angenehm, unangenehm, weich, hart, mit Druck, ohne Druck
Anstrengung	viel, wenig Anstrengung, fast keine Anstrengung
Richtung	oben, unten, hinten, vorne, im Körper, im Raum
Geschwindigkeit	schnell, langsam, ruckartig, fließend, nacheinander, verschiedene Rhythmen
Temperatur	warm, kalt, kühl, heiß

Wie spürst Du Unterschiede durch Berührung und durch Bewegung? Dein kinästhetischer Sinn (der nach innen gerichtete Sinn der Eigenwahrnehmung) hilft

Dir beim Aussortieren, d. h. *Ordnung* in Deine Erfahrungen zu bringen.
Ich bekomme viele Rückmeldungen durch Deine direkten oder indirekten Reaktionen. Nicht immer bin ich mir über die Bedeutung, die sie haben, sicher.
Es wäre schön, wenn Du mir darüber etwas schriftlich, wenn möglich auch mündlich mitteilen könntest.

Es grüßt Dich herzlich Carmen L.

8. März 90

Liebe Carmen L.,
ich komme gern und spüre, daß es mir guttut, meinen Körper besser zu erfahren.
Ich liebe starke Reize und kann die auch gut unterscheiden. Ganz schwache Reize sind mir unangenehm, weil ich sie diffus erlebe und nicht unterscheiden kann. Das macht mich verrückt, und dann springe ich auf. Aber die meisten Unterschiede habe ich wahrgenommen. An der Wirbelsäule war es besonders klar. Da bin ich vielleicht am wenigsten gestört, und die Nerven reagieren normal. Unter den Füßen sind die Unterschiede noch nicht ganz klar. Darum halte ich dabei nur begrenzte Zeit durch. Bei den Händen ist es eine Katastrophe. Ich fühle fast nichts. Meine Mutter hat die linke Hand eben mit einer harten Bürste bearbeitet. Das war angenehm, weil ich etwas spüren konnte.
Ich will lernen, überall etwas zu spüren. Vielleicht bin ich dann weniger nervös.

Dietmar

21. März 90

Lieber Dietmar,
ganz herzlichen Dank für Deinen Brief. Es ist eine wichtige Information, daß schwache Reize von Dir nur diffus wahrgenommen werden und Dich nervös machen. Wir werden nun versuchen, die Reize anfangs sehr stark zu benützen und dann immer mehr abzubauen, bis Du in der Lage bist, auch die schwachen Reize klar wahrzunehmen. Ich meine damit, daß auch Du versuchen könntest, alle Bewegungen, die Du machst, zunächst groß und mit viel Anstrengung zu probieren und dann zum Unterschied etwas weniger groß und mit weniger Anstrengung, bis es Dir gelingt, sie auch klein und mit wenig Anstrengung auszuführen. Wenn uns dieser Lernprozeß gelingen könnte, hättest Du sehr viel mehr Kontrolle über Deine Bewegung und Deinen Ausdruck. Moshe Feldenkrais sagt hierzu sinngemäß: Nur *ein* Muster benützen zu können, ist Zwang – wenn Du lernst, Alternativen zu entwickeln, hast Du die *Freiheit der Wahl*.
Morgen werden wir zusammen Deine Hände entdekken – die verschiedenen Bewegungsmöglichkeiten, die Spannung, die Ruhe, die Nervosität usw. Versuche bitte, mir auch, wenn möglich, sprachlich über Deine Wahrnehmungen Rückmeldung zu geben. Ich werde Dich immer wieder fragen: Spürst Du einen Unterschied? Wie ist der Unterschied?
Ich freue mich auf die Arbeit mit Dir und grüße Dich sehr herzlich Carmen L.

28. März 90

Liebe Carmen L.!

Ich freue mich schon die ganze Woche auf die Therapiestunde. Das war so gut, die Arbeit an den Händen. Da möchte ich auch weitermachen. Ich glaube, daß ich besser arbeiten könnte und weniger Hilfe brauchte, wenn die Hände besser Unterschiede wahrnehmen könnten.

Aber an den Füßen will ich auch weiterarbeiten. Manchmal sind die Füße ganz taub, und das ist so unangenehm. Ich empfinde das manchmal auch als kalt.

Früher war der ganze Körper taub und kalt. Ich weiß das aber nicht mehr so genau, weil es so diffus war, so unangenehm, daß ich mich nicht wohl fühlen konnte. Das war die eine Seite, die andere kennen Sie aus meinem Buch. Das Unnormale beim Sehen und Hören.

Dietmar

29. März 90

Liebe Carmen,

ich bin ganz müde von der Arbeit mit Ihnen. Es war sehr anstrengend. Ich habe eine Ahnung bekommen, wie es sein kann, wenn man ein ausgeprägtes Körpergefühl hat. Ich habe in meinem Leben viel entbehrt an Wohlbefinden, das wird mir klar. Aber ich spüre schon mehr in den Fingern. Der Daumen muß noch besser werden. Der kleine Finger ist an beiden Händen am besten dran. Da spüre ich am meisten. Ich weiß jetzt, daß gesunde Menschen ihren Körper ganz anders fühlen als ich. Ich habe ja gar nicht gewußt, wie unnormal das bei mir ist. Das ist doch entsetzlich, daß mir nicht früher geholfen werden konnte.

Dietmar

30. März 90

Ich bin wieder sehr unruhig. Nun wird mir klar, wie behindert ich noch bin. Ich wußte ja gar nicht, was ich spüren können muß. Was ist das für eine Behinderung, bei der man so viele Irrwege geht, bevor man merkt, daß ganz grundlegende Empfindungen einfach nicht ausgebildet sind und daß ich darum damit gar nicht umgehen kann.
Ich finde, daß es leichter ist, mit den Problemen beim Sehen und Hören fertigzuwerden. Das habe ich ja ganz gut geschafft, weil mir meine Mutter geholfen hat, das unterscheiden zu lernen. Ich habe auch früh gelernt, mir Vorstellungen von meinem Körper und den Gegenständen meiner Umgebung zu machen. Das hat mir sehr geholfen, mich orientieren zu lernen. Aber ich habe bis heute große Probleme, etwas ohne Hilfe zu werken. Jetzt weiß ich warum. Ich fühle zu wenig.

Dietmar

11. April 90

Liebe Frau L.,
ich werde ziemlich nervös bei dieser Arbeit. Auch das muß wohl so sein. Meine Mutter macht es auch schon ganz gut. Aber danach geht es dann los mit dem Krib-

beln. Ich kann dann kaum ruhig bleiben. Wie soll das weitergehen? Ich komme ja vom Regen in die Traufe. Es ist so unangenehm, wenn es eine Zwischenstufe gibt zwischen Schmerz und Juck. Da ist etwas, was mich verrückt macht. Ich bemühe mich sehr, dahinterzukommen, was es ist.

Dietmar

14. April 90

Liebe Frau Carmen!

Ich weiß gar nicht, welche Anrede angemessen ist. Bitte, sagen Sie etwas dazu. Heute ist mir in der Kirche etwas passiert. Ich habe meine Fingerkuppen stimuliert und meine Finger verstrebt. Dann ging es wieder los mit dem Kribbeln und Jucken im ganzen Körper, so daß ich rausgehen mußte. Nun traue ich mich gar nicht mehr, so etwas zu tun. Ich bin ganz verunsichert, weil ich so unruhig nicht sein will. Damit verscherze ich mir soviel. Meine Eltern haben keinen Mut mehr, mit mir in die Kirche oder ins Konzert zu gehen. Darauf will ich aber nicht verzichten.

Mein Nervensystem muß doch wohl sehr geschädigt sein. In der letzten Stunde bei uns zu Hause war ich ja auch unruhig. Vielleicht war es die Angst, mich nachher nicht in den Griff kriegen zu können. Das war ja auch mein Problem mit der Psychotherapie. Ich habe als Kind so viel Chaos erlebt, daß ich nie wieder in so einen Zustand geraten möchte. Eher bleibe ich so behindert, wie ich bin.

Viele Grüße Dietmar

2. Mai 90

Lieber Dietmar,
in meinen Kursen und in der Einzelarbeit ist es üblich, daß die Teilnehmer/innen, die mit Du angesprochen werden wollen, mich auch mit Du ansprechen. Du wurdest mir mit Deinem Vornamen vorgestellt, und da mein Bruder auch Dietmar heißt, war dies mir so vertraut, daß ich, ohne Dich vorher zu fragen, Du gesagt habe. Ich hoffe, das ist in Ordnung für Dich, und ich bitte Dich, ganz einfach Carmen und Du zu mir zu sagen.

Nun zu Deiner Beschreibung, was in der Kirche passiert ist. Du schreibst, Du hättest die Fingerkuppen stimuliert und die Finger verstrebt. Es war Deine *Intention,* dies zu tun, und Du hast es ausgeführt! Auch wenn die Auswirkungen in dieser speziellen Situation für Dich dann unangenehm waren, möchte ich Dir sagen, wie wichtig genau dieser Schritt in Deinem Lernprozeß ist – die Entscheidung, etwas zu tun und es dann ausführen zu können.

Der nächste Schritt wäre: Sind die Auswirkungen so, wie Du sie beabsichtigt hattest? Wenn ja, was hat den Prozeß unterstützt? Wenn nein, was hat ihn verhindert?

Meine Vermutung ist, daß der Kontext Kirche, Kirchgang, der Dir sehr wichtig ist, kein geeigneter Ort ist, Dich mit noch etwas, was Dir sehr wichtig ist, zu beschäftigen.

Im Moment brauchst Du, um Deine Aufmerksamkeit auf Deinen Körper, Deine Körperempfindungen zu bringen, einen ruhigen Ort, an dem Du nicht gestört

wirst und Deine Aufmerksamkeit nicht mit anderen wichtigen Dingen geteilt werden muß. Später, wenn Du schon mehr von Deinen Wahrnehmungen integriert hast, ist es durchaus möglich, an jedem Ort und in jeder Situation damit umzugehen.
Du hast in früheren Briefen Deinen Körper in der Kindheit als kalt und taub beschrieben. Jetzt, wenn Du ihn berührst, fängt er an zu kribbeln, was Dich ganz verrückt macht. Ich möchte Dir dennoch Mut machen, in dieser Richtung weiterzuarbeiten. Dieses Kribbeln tritt sehr häufig bei dieser Art von Arbeit auf: die Durchblutung verändert sich, der Muskeltonus, die Temperatur etc.
Dies ist die physiologische Seite. Wenn wir den Vorgang als Bild beschreiben, könnten wir sagen, etwas Kaltes, Taubes wird lebendig.
Wie kannst Du dieses Aufwachen Deines Körpers so unterstützen, daß es Dir nützt, Dich nicht nervös macht?
Bitte, benütze nur wenige Reize und spüre genau hin, wie weit Du die Berührung oder Bewegung im Körper spürst. Wenn das Kribbeln auftaucht, versuche zu lokalisieren, wo kribbelt es, wie weit in der Hand, im Fuß etc., wenn Du eine Stelle, die nicht mitkribbelt, berührst, verändert sich das Kribbeln im anderen Körperteil? Versuche, das Kribbeln kurzfristig zu verstärken – bleibt es dann gleich stark oder verändert es sich?
Ich denke, für diese Woche reichen diese Fragen.
Ich freue mich auf die Weiterarbeit und das Weiterlernen mit Dir.

Herzliche Grüße Carmen

10. Mai 90

Liebe Carmen,
es war am vergangenen Donnerstag schwierig für mich, weil mein Vater dabei war. So etwas kommt selten vor, und darum irritiert es mich. Meine Mutter war außerdem so im Streß wegen des Abiturs. Ich konnte gar nicht mit ihr reden. Ich weiß, daß ich manchmal unheimlich unruhig bin und daß mich dann nur meine Mutter zur Ruhe bringt, weil sie sehr konsequent ist. Ich will aber wohl Selbstkontrolle lernen, um unabhängiger zu werden.
Aber im Augenblick lenkt mich wieder soviel ab, jedes Geräusch und jede Bewegung. Es macht mich jetzt gerade verrückt, daß ein Motor brummt und schon wieder ein neues Geräusch. Dann ein Flugzeug und ein Auto, gerade zum Verrücktwerden ist das.

Dietmar

Autismus

Haut, die nichts spürt,
Augen, die zu viel sehen.
Ohren, die zu viel hören.
Das ist ein Leben
der großen Plagen.
Ich weiß Bescheid.

Ich spüre den Atem

Ich spüre den Atem
manchmal
auf meiner Haut.
Es blitzt auf
in meinen Nerven,
die träge
durch meinen Körper
ziehen.
Mai 90

Muttertag

ist jeder Tag
im blassen Leben
eines Kranken.

Blumen sollt' es geben
für jedes Zeichen
der Güte und Stärke.

Es ist so schwer
in Worten zu sagen,
was sie mir bedeutet.

Muttertag ist jeder Tag,
wenn sie mich versteht
ohne Worte.
Mai 90

14. Mai 90

Es ist doch merkwürdig, wie Menschen älter werden und nie Zeit für sich selbst hatten. Da muß man doch annehmen, man habe viel versäumt. Es wäre gerecht, wenn so jemand länger leben dürfte bei guter Gesundheit. Ich aber schätze meine Mutter, ohne die ich gar nicht leben könnte.

15. Mai 90

Mamas Geburtstag war sehr schön und hat allen gefallen. So schöne Salate macht nicht jeder. Ich habe aber Probleme, wenn immer über Autismus gesprochen wird. Daß E. ins Heim soll, will mir gar nicht in den Kopf. Was haben doch Autistenmütter für ein schweres Leben. Alles leidgeprüfte Menschen, die viele ungeweinte Tränen in sich verschlossen haben...

17. Mai 90

Ich kann nun die Feldenkrais-Therapie besser aushalten und werde nicht mehr ganz so unruhig. Aber ich habe wohl ein ziemliches Defizit an Bewegungsmustern. Wenn sie mit den Schultern etwas macht, dann merke ich, daß ein wesentlicher Teil von mir wie taub ist. Es ist so, als wäre ich an manchen Körperstellen tot bei lebendigem Leibe. Aber es wird belebt, wenn sie mich berührt. Im Gesicht bin ich nicht taub und unbelebt. Da empfinde ich es als sehr angenehm, wenn ich z. B. geküßt werde. Es ist phantastisch, was ich dabei erlebe.

13. Mai 90

Lieber Dietmar,
auf einem Holzbänklein mit einem rauschenden Bergbach vor mir und einer schönen Bergwelt rund um mich, sitze ich, während ich Dir diese Zeilen schreibe.
Es wäre eigentlich an mir gewesen, Dir wieder zu schreiben, aber ich war zuviel mit meinem Einsamkeitsproblem beschäftigt. Ich habe mich um so mehr gefreut, einen Brief von Dir vorzufinden.
Dein letzter Satz hat mich ein wenig schockiert: «Ich strenge mich sehr an, um eines Tages Deine hohen Erwartungen an mich erfüllen zu können.» Eigentlich sind das nicht meine hohen Erwartungen an Dich, sondern Deine eigenen. Du hast ja in Deinem Buch geschrieben, Du möchtest, daß jemand käme und es als geschehen hinnehmen würde, daß Deine Behinderung weg ist. Das habe ich dann getan und es Dir geschrieben.
Du darfst das auf keinen Fall als Druck meinerseits empfinden, denn das würde Dich – nach meiner Erfahrung – ja nur hindern, zu sprechen. Es soll aus Deinem freien Willen geschehen.
Ich würde mich natürlich riesig freuen, wenn ich eines Tages mit Dir frei sprechen könnte! Du ja sicher auch, nicht wahr?
Ich möchte aber gerne einmal mit Dir telefonieren, ganz egal, ob Du mir dann antworten kannst oder nicht. Es sollte eben keine Verpflichtung sein, daß Du am Telefon sprechen kannst oder sollst. [...]
Da ich nur 80% arbeite und somit normalerweise drei Tage nacheinander frei habe pro Woche, könnte ich

jederzeit wieder mal zu Euch zu Besuch kommen, wenn es Euch geht.
Ich freue mich schon auf Deinen nächsten Brief.
Viele liebe Grüße Dein E.

18. Mai 90

Liebe B.,
van Gogh liebe ich auch sehr und danke Dir darum für die schöne Karte. Ich habe mich über Deinen Brief sehr gefreut, und ich habe gespürt, daß Du viel verstanden hast von der Problematik, ein Behinderter zu sein. Ich vergleiche mich keinesfalls mit van Gogh, aber auch mir bedeutet es viel, Bilder zu malen, in die ich alles lege, was in mir ist an Hellem und an Dunklem.
Meine Bilder werden in der Regel sehr kontrastreich, so wie es meinem Zustand entspricht.
Es ging mir lange Zeit nicht gut. Ich hatte große Angst vor einer Psychose, was auch immer darunter zu verstehen ist. Das hing mit der Psychotherapie zusammen, in die ich viele Jahre lang gegangen bin. Nun habe ich das aufgegeben, und es geht mir besser. Ich bin nun auch sicher, daß es Blödsinn war, zu sagen, die Heilung des Autismus gehe über die Psychose. Das sollen angeblich manche Analytiker vertreten.
Ich langweile mich zu Hause schrecklich, obgleich ich ja auch lerne, was Ihr in der Oberstufe lernt. Manchmal bin ich verbittert, daß ich nicht mehr zur Schule gehen darf.
Ich wünsche Dir alles Gute!
Viele Grüße Dietmar

18. Mai 90

Lieber Rolf,

zehre noch von Deinem Besuch. Es ist eben doch langweilig, immer zu Hause zu sein. Gestern war es aber gut. Ich war mit Mamas Klasse im Kino, in «Der Club der toten Dichter». Das ist ein toller Film. Der Lehrer, der im Mittelpunkt des Geschehens steht, heißt Keating und vertritt eine ganz besondere pädagogische Konzeption. Er ist ein Schöngeist und schwärmt für Lyrik. Die Schüler sollen ihr Leben ausschöpfen und ihre Tage bewußt leben. Daß ein Schüler das zu wörtlich nimmt und Selbstmord begeht, als seine Eltern seine Zukunft bestimmen wollen, konnte er beim besten Willen nicht voraussehen. Ich sehe aber diesen Lehrer, je länger ich darüber nachdenke, immer kritischer. Er inszeniert mir zu sehr ein Theater, in dem er manchmal zum Clown wird bzw. zum Showmaster. Es würde mich interessieren, ob Du den Film gesehen hast. [...]

Viele Grüße Dietmar

21. Mai 90

Liebe Frau W.,

heute bekam ich eine liebe Karte von Ihnen. Vielen Dank dafür. Bei mir ist inzwischen viel los gewesen, was für mich von Bedeutung war. Ich habe die Psychotherapie aufgegeben, und es geht mir tatsächlich ohne Therapie viel besser. Aber es war ein schwieriger innerer Kampf, bis ich sicher wußte, daß ich ohne die Therapie auskommen kann. Nun mache ich nur noch Sprachtherapie und Feldenkrais-Therapie. Ich kann

jetzt auch wieder mehr für den Fernkurs tun. Ich muß nur noch vier Hefte durcharbeiten. Das dauert nicht mehr lange. Französisch mache ich zur Zeit sehr gern.
In den Osterferien waren wir in der DDR auf der Insel Rügen. Das war sehr interessant. Unsere Freunde aus Schaprode haben uns viel gezeigt. Auf der Insel Hiddensee haben wir vor dem Grab Gerhart Hauptmanns gestanden, und meine Mutter erinnerte sich dabei, daß sie als junges Mädchen Rautendelein gespielt hat.
In den großen Ferien werden wir nach Polen fahren. Darauf freue ich mich schon sehr. Sie wissen ja schon, daß wir mit dem Campingbus reisen. Das ist abenteuerlich, aber eine abwechslungsreiche Art zu reisen. Sonst ist es ziemlich langweilig für mich, weil ich ja nicht mehr zur Schule gehe.
Ich wünsche Ihnen alles Gute!

Ihr Dietmar Zöller

23. Mai 90

Liebe Maren,
morgen feierst Du Deinen ersten Geburtstag als junge Ehefrau. Ich gratuliere Dir herzlich und wünsche Dir für das neue Lebensjahr alles Gute. Was ich mit «alles Gute», diesem abgegriffenen Wunsch, wirklich meine, ist nicht schwer zu erraten. Ich möchte so gerne Onkel werden und die Entwicklung eines gesunden Babys beobachten, um sehen zu können, wie sich ein Mensch normal entwickelt. Ein bißchen kriege ich das ja auch schon bei Sarah mit. Aber ein Neffe oder eine Nichte, das wäre etwas Besonderes. Weißt Du eigent-

lich, was mir Gernot bedeutet? Er ist in meinen Augen ein ganz ehrlicher Mensch mit viel Gemüt. Er wird bestimmt ein liebevoller Vater. Nur für Ordnung mußt Du sorgen. Da ist die Aufteilung wie bei uns zu Hause.
Mach es gut und bleib, wie Du bist.

Dein Schwager Dietmar

14. Juni 90

Lieber Rolf,
eine Erfolgsmeldung gibt es heute: Ich habe meine letzten Aufgaben für AKAD fertig. Ich fühle mich so gut und so frei. Es war viel Arbeit, aber es war gut, und ich bin dankbar, daß ich es machen konnte. Ich freue mich, daß ich z. B. englische Briefe verstehe und beantworten kann. Meine Freundin E. aus Belgien schrieb mir heute einen langen Brief. Sie hat mir ihre Examensarbeit gewidmet. Da war ich ganz gerührt. Tanztherapeutin wird sie. Die will alles ganz genau wissen. Das gibt also einen langen Antwortbrief. Was gibt es sonst Neues? Bei mir nicht viel.
Pfingsten waren wir im Allgäu auf einem schönen Campingplatz. Das Wetter war aber nicht so gut. Bei strömendem Regen mußten Gernot und Maren ihr Zelt aufbauen. Rüdiger konnte bei uns im Bus unterkommen. Es war aber trotz des schlechten Wetters recht lustig. Später werden wir dann als Großfamilie mit meinen Nichten und Neffen, die ich mir wünsche, zelten fahren. Oma und Opa machen das bestimmt mit. Ich meine meine Eltern damit, falls Du etwas

anderes gedacht haben solltest. Solche Witze wurden gemacht, und ich hatte meinen Spaß.
Komm bald mal wieder.

Viele Grüße Dietmar

15. Juni 90

Liebe Frau P.,
lange haben Sie nichts von mir gehört. Ich mußte Abstand bekommen. Kann es sein, daß ich eine Psychose durchgemacht habe, ohne daß Sie es bemerkt haben? Ich kann mich nun wieder besser beherrschen und bin ausgeglichener. Heute bin ich sogar glücklich. Gestern habe ich die letzten Aufgaben für den Fernkurs abgeschlossen. Das ist ein tolles Gefühl. Ich habe viel gelernt, das meiste hat Spaß gemacht. Biologie würde ich gern studieren, wenn das über ein Fernstudium ginge. Ich möchte so gern herausbekommen, was mit meinem Nervensystem los ist.
Wenn ich bedenke, wie lange ich zu Ihnen gekommen bin, dann wundere ich mich, daß ich den Absprung geschafft habe. Eine solche Therapie, wie Sie sie anbieten, berührt aber wirklich nur einen kleinen Bereich der autistischen Behinderung. Ich weiß, daß meine Nerven nicht machen, was sie sollen. Es ist für mich so mühsam, auszuführen, was ich mir vorstelle und auch tun will. Es ist keine Verweigerung und hat nichts mit dem Willen zu tun. Ich sehe das immer klarer. Aber ich habe mich bei Ihnen verstanden gefühlt. Das war gut.

Für heute viele Grüße von Dietmar

Beobachtungen im Zusammenhang mit den Feldenkrais-Übungen

23. Juni 90

Es gelingt mir, die Stellen zu spüren, die den Boden berühren. Ich spüre die Ferse, die Waden, das Becken, die Schultern und den Kopf. Meine Arme hängen allerdings etwas unmotiviert in der Gegend herum. Da muß ich noch viel tun.

Wenn ich ein Bein hochstellen soll, brauche ich oft einen zusätzlichen Impuls. Meine Nerven führen nicht immer aus, was ich ihnen befehle.

Auch wenn ich ein Knie in Richtung Bauch bewegen soll, geht es nicht auf Anhieb.

24. Juni 90

Körperwahrnehmung in Beziehung zum Boden:
Der Kopf drückt sehr schwer auf den Boden, und zwar der gesamte Hinterkopf. Die Schulterblätter liegen fast gleich auf.

Vom hinteren Brustkorb spüre ich wenig.

Das Becken liegt fest auf dem Boden auf. Ich finde keinen Unterschied. Es liegt nämlich ganz symmetrisch auf.

Das rechte Bein liegt mit Ferse, Wade und Oberschenkel auf. Die Zehen zeigen nach rechts. Beim linken Bein spüre ich alles weniger deutlich.

Die Wirbelsäule ist kerzengerade. Ich spüre sie wie einen Stock. Aber die einzelnen Wirbel nehme ich nicht wahr.

2. Juli 90

Liebe Carmen,
ich habe heute die Übung mit verbundenen Augen gemacht. Das macht mich sehr unsicher. Aber mit den Händen spüre ich wohl die Unterschiede und kann erkennen, was ich berühre. Ich glaube nicht, daß ich da einen Mangel habe. Der Mangel, wenn man es so nennen kann, liegt in tieferen Schichten. Das merke ich, wenn ich Druck ausüben will. Es scheint mir, daß mein taktiler Sinn nur teilweise gestört ist. Manches spüre ich nämlich ganz gut.

4. Juli 90

Heute hatte ich mal wieder massive Probleme mit den Nerven. Es war wieder, als gingen elektrische Impulse durch meinen Körper. Ob das am Ende vom Wetter abhängt? Ich habe alle Übungen gemacht, die auf dem Blatt standen. Meine Hände kenne ich nun schon besser. Ich will aber auch noch mit den Händen üben. Meine Mutter hat verschiedene Steine besorgt, mit denen wir allerlei Übungen machen. Der eine, den wir auf der Insel Rügen gefunden haben, hat ein Loch, in das man einen Finger stecken kann. Das ist ganz lustig, wenn z. B. Daumen und Zeigefinger den Stein tragen müssen.

Dietmar

11. Juli 90

Mein Kopf ist riesengroß und das wichtigste meiner Person. Die Augen sind ziemlich weit auseinander und ständig unter Druck. Manchmal tränen die Augen vor

Überanstrengung. Mein Mund ist klein, der Innenraum wenig differenziert. Ich muß nachdenken, um spüren zu können, wo der Gaumen ist. Die Lippen sind gefühllos, was dazu führt, daß ich undeutlich spreche. Die Zunge ist lästig, hat eigentlich zu wenig Platz im Mund.

22. Juli 90

Stehen und Gehen: Ich habe große Mühe, still zu stehen, und eigentlich möchte ich immer hopsen. Während ich stehe, sind meine Füße nach außen gerichtet, der rechte etwas mehr als der linke. Meine Wirbelsäule ist kerzengerade. Mein Kopf ist etwas zum Licht gedreht. Meine Atmung im Brustkorb zu beobachten, gelingt mir nicht gut, weil ich zu unruhig bin. Mit verbundenen Augen fühle ich mich zuerst sehr unsicher, dann geht es aber für eine gewisse Zeit. Am besten ist die Übung, bei der ich das Gewicht von einem Bein auf das andere verlagern muß. Wenn ich meine Mutter anfasse, werden die Schwingungen ganz harmonisch.

20. Juli 90

Lieber E.,
so lange habe ich Dich warten lassen. Ich war Ende Mai und noch bis Mitte Juni sehr mit den Aufgaben für den Fernkurs beschäftigt, der nun endlich fertig ist. Aber mir fehlt nun etwas. Es war doch gut, als ich regelmäßig meine Aufgaben machen mußte. Ich möchte gern wieder etwas Vergleichbares tun. Telefonieren kann

ich nicht, das würde mich zu sehr aufregen. Es ist im Augenblick mal wieder schlimm mit meinen Nerven. Ich bin so unruhig, weil es tief unter meiner Haut so kribbelt, und es gibt keine Möglichkeit zu kratzen.
Nächste Woche fahren wir in den Urlaub, nach Polen.
Ich freue mich schon sehr darauf und bin ganz ungeduldig.
Nach den Ferien werden wir Dich einladen. Bis jetzt war nur Streß.
Ich grüße Dich herzlich und habe vor, Dir treu zu bleiben.

Dietmar

Eine Reise durch Polen im Sommer 1990

Es war ein Irrtum zu meinen, man könne als Deutscher jeden Grenzübergang nach Polen wählen. Jedenfalls standen wir am falschen Grenzübergang nach Polen und wurden freundlich auf den Übergang Pomerellen verwiesen. Da gab es bereits eine lange Schlange von Wartenden, in die wir uns mit unserem Campingbus einreihten. Am Ende war alles ganz unproblematisch, und wir waren bald in dem Land, in dem vor 1945 Deutsche wohnten.

Es war alles etwas ärmlicher als bei uns, aber keinesfalls schmutzig und verkommen, wie ich mir vorgestellt hatte. Abends gingen wir auf einen Campingplatz, auf dem fast ausschließlich Polen waren. Aber man interessierte sich gar nicht für uns und beachtete uns nicht weiter.

Ein Abendspaziergang an der Ostsee war ein herrliches Erlebnis. Ich spürte den Sand an meinen nackten Füßen und konnte nicht genug davon bekommen.

Am nächsten Abend waren wir wieder auf einem Campingplatz an der Ostsee. Wieder erlebten wir den Sand an den Füßen und wären am liebsten weitergelaufen, hätte nicht schließlich ein Kanal uns gehindert, in die heraufkommende Dämmerung zu laufen. Wir traten den Rückweg an und kamen auf dem Campingplatz an, als es schon dunkel wurde. An Schlafen war sowieso nicht zu denken, da eine lärmende Gruppe von Jugendlichen den Platz beherrschte.

Danzig

Onkel Ernst mußte als junger Mann aus Danzig in den Krieg ziehen und sah die Stadt nie wieder. Mein Vater erinnerte sich aber gut an alles, was Onkel Ernst ihm als Kind erzählt hatte. So suchte er als erstes das berühmte Krantor und fand es auch. Wir schlenderten am Krantor vorbei durch den Hafen, wo junge und alte Leute ihre Waren anboten. Es war wie auf einem Flohmarkt, aber verkauft wurde so gut wie nichts. Manches Gerät, das dort am Straßenrand aufgestellt war, mochte wohl noch aus der Zeit stammen, als hier Deutsche das Sagen hatten.

Es gibt übrigens hübsche Polinnen, die sich nach der westlichen Mode kleiden und sich selbstbewußt in den Straßen bewegen. Danzig wurde im Zweiten Weltkrieg zu 90 Prozent zerstört. Das kann man sich gar nicht vorstellen, denn die Häuser an dem großen rechteckigen Marktplatz sehen aus wie Zeugen aus vergangenen Zeiten – ein Meisterwerk des Wiederaufbaus und der Restauration.

Am nächsten Tag machten wir eine Hafenrundfahrt, vorbei an der berühmten Leninwerft, wo bis vor einigen Jahren Lech Walesa als Elektromonteur arbeitete. Riesige Schiffe aus aller Herren Länder lagen dort auf Dock und wurden flott gemacht für einen nächsten Auslauf. Ziel der Hafenrundfahrt war die Westerplatte, wo die ersten Schießereien des Zweiten Weltkrieges sich abspielten.

Ich beobachtete die polnischen Mitreisenden. Was mochten die wohl denken über die schlimmen Deutschen, die einen Krieg begonnen haben, der so viel Leid über die Völker Europas gebracht hat? Auf der Rückfahrt von der Westerplatte stiegen mehrere Schulklassen zu. Was hatte man ihnen wohl über die Deutschen erzählt?

Eine Begebenheit am Rande: Die öffentliche Toilette, die wir nach der Rückkehr am Marktplatz aufsuchten, war blitzsauber. Bettler haben wir in Danzig nicht gesehen. Aber eine alte gebeugte Frau stocherte in einer Mülltonne herum, ganz schnell, dann war sie schon weg. Wer war sie? Was hatte sie für ein Schicksal gehabt? Ich hätte ihr so gern etwas geschenkt. Aber ich glaube, daß die Polen zu stolz sind, um Almosen anzunehmen. Wir wurden in Polen nicht angebettelt und auch nicht betrogen. Das Wechselgeld stimmte immer, und das will etwas heißen, da man sehr schnell Preise von 10 000 oder 100 000 Zloty zu zahlen hat.

Bei der Marienburg

Die Marienburg an der Nogat, ursprünglich eine Burg des Ritterordens, beeindruckte mich sofort, als wir über die Brücke von Malbork fuhren. Es ist eine Trutzburg, von der man meinen könnte, daß sie den Jahrhunderten standhielt. Aber das war nicht der Fall. Im Zweiten Weltkrieg, als nichts mehr heilig war, wurde die Burg zerstört. Um so erstaunlicher ist es, daß die Polen sie wieder aufgebaut haben. Aber nun ist die Marienburg mit Recht ihre Burg. Sie sind wohl auch stolz auf diese Sehenswürdigkeit.

Wir übernachteten auf dem Campingplatz von Malbork, der gar nicht weit von der Burg entfernt liegt. So hatten wir die Möglichkeit, abends einen Spaziergang zu machen, um die Burg von allen Seiten in Augenschein zu nehmen. Man konnte bei genauem Hinsehen die alten und die neuen Steine unterscheiden. Vielleicht ist das sogar beabsichtigt.

Auf dem Campingplatz hatten wir ein lustiges Erlebnis mit einer Gruppe junger Polen, die es in ca. einer Stunde nicht schafften, ihr Zelt aufzubauen. Es war amüsant, ihnen zuzuschauen. Schließlich ging mein Vater hin und legte Hand an. Verständigung mit Händen und Füßen. Es wurde viel gelacht. Später guckten die jungen Leute immer wieder freundlich zu uns herüber. Ob sie es wohl geschafft haben, ihr Zelt wieder abzubauen, als wir fort waren?

Masuren

Wo eigentlich Masuren anfängt, habe ich nie richtig begriffen. Auf jeden Fall ist es nicht das einsame, rückständige Land, von dem ich mir nach Lenz' «So zärtlich war Suleyken» ein Bild gemacht hatte. Mein erster Eindruck war geradezu niederschmetternd. Wir kamen nach Olsztyn, dem früheren Allenstein, und irrten lange in der häßlichen und teilweise schmutzigen Stadt herum, weil wir die richtige Ausfahrtstraße nicht fanden. Wer weiß schon, daß man die Richtung Suwalki wählen muß, wenn man Giźycko (früher Lötzen) ansteuert. Ich träumte vom malerischen Campingplatz am See. Den fanden wir dann auch. Der Blick war herrlich. Nur hatte ich auf einem masurischen See nicht so viele Boote erwartet. Baden sollten wir lieber nicht, meinte der Platzwärter, der See sei vergiftet. Abends gingen wir noch in den Ort. Wir hatten von einer kleinen evangelischen Gemeinde gehört und wollten sehen, wann es am nächsten Tag – es war Samstag – einen deutschsprachigen Gottesdienst gab. Ein alter Mann sprach uns vor der Kirche auf deutsch an. Er meinte, wir wollten den Pfarrer besuchen. Er war 1945 in Polen geblieben und erzählte, daß er nicht der einzige sei. Das gibt es also auch, dachte ich.

Am nächsten Tag gesellten sich zwei deutsche Ehepaare zu uns, d. h., sie stellten ihre Campingwagen neben uns ab, und man kam ins Gespräch. Zur Wolfsschanze wollten sie nicht und Auschwitz hatten sie, von Schlesien kommend, großräumig umfahren. Sie wollten sich im Urlaub nicht mit Unerfreulichem belasten. Sie hatten andere Interessen als wir, suchten Orte auf, an denen sie vor dem Krieg gewesen waren. Als herauskam, daß sie an mir ein berufliches Interesse hatten – ich bin schließlich deutlich behindert –, war ich sauer. Mit solchen Fachleuten für Behinderte will ich im Urlaub nichts zu tun haben.

Sonntags brachen wir auf, wollten aber vorher in den Gottesdienst gehen. Aber, o Schreck, wir waren auf dem Gelände gefangen. Schließlich mußten wir noch bezahlen. Aber der Platzwärter war nicht aufzutreiben. Er soll am Abend vorher stinkbesoffen gewesen sein, erzählte man uns. Alkoholisierte Männer haben wir in Polen häufiger gesehen.

Wolfsschanze – das Hitler-Hauptquartier in Ostpreußen

Die Bunker sind gesprengt. Der Wahnsinnige, der von hier aus seine verrückten Befehle in die Welt schickte, ist lange tot, aber seine Greuel sind lebendig für die vielen Besucher des ausgebreiteten Geländes. Großfotos erinnern an Zerstörung und die Brutalität der Deutschen im Zweiten Weltkrieg. Hitler hatte sein Quartier gut getarnt. Es lag mitten im Wald in landschaftlich reizvoller Gegend. Ob Hitler wohl in der Lage war, die schöne Natur zu genießen? Angenehm war das Leben unter der Erde im Bunker gewiß nicht.

Wie konnte es nur einem Stauffenberg gelingen, in Hitlers Quartier vorzudringen und dort seine Aktentasche mit der Bombe abzustellen? Wäre doch das Attentat gelungen! Aber vielleicht war es schon zu spät. Es ist unvorstellbar, daß Hitler den Ostpreußen die Flucht verbot, als schon die Russen vor der Tür standen. Unvorstellbar sind die Tragödien, die sich abspielten, als man schließlich mitten im Winter doch fliehen mußte.

«Ich bin ein Pole», habe ich zur Verwunderung meiner Eltern beim Rundgang durch die Wolfsschanze in Gierloz gesagt. Ich wollte damit sagen, daß ich mich mit den Polen identifiziere, die Ostpreußen als ihr Land ansehen. Das mag befremdlich klingen und Menschen verärgern, die immer noch an ihrer Heimat Ostpreußen hängen, aber es wurde den Polen von Hitler-Deutschland so viel Leid zugefügt, daß eine Entschädigung gerecht ist.

Russische Grenze

Die Grenze nach Rußland hat mich schon immer fasziniert. Vor etlichen Jahren stand ich schon einmal in Finnland vor der russischen Grenze, und ich hätte damals auch gern gewußt, wie die Menschen in Rußland leben. Wir fuhren von Nikolaiken (Mikolajki) nach Augustow und Suwalki und waren damit der russischen Grenze sehr nahe. Man merkte es auch an den russischen Autos, die uns entgegenkamen. Am späten Nachmittag kamen wir dann in Bialystok an, wo wir lange brauchten, bis wir den Campingplatz gefunden hatten. Es regnete, und das gefiel mir ganz gut, denn es war an den vergangenen Tagen sehr heiß gewesen.

Am nächsten Morgen fuhren wir ungefähr 50 Kilometer bis zur russischen Grenze. Dort sollte es ein Tatarendorf mit einer Moschee geben. Das Dorf heißt Kruszyniany. Das Dorf wirkt recht malerisch mit seinen Holzhäusern und den alten Brunnen. Kein Haus, das nicht einen üppigen Blumengarten gehabt hätte. Die Moschee lag sehr versteckt, so daß wir beinahe vorbeigefahren wären.

Ein junges polnisches Paar, das einem deutschen Gast die Moschee zeigen wollte, organisierte eine Führung und nahm uns mit. Sie holten einen alten Mann, der im Rollstuhl saß. Dieser stieg mühsam die Stufe hoch und schloß die Moschee auf. Er wußte viel zu erzählen – auf polnisch, und die jungen Polen konnten nur wenig übersetzen. Einen Imam gibt es nicht mehr. Sein Grab sahen wir auf dem Friedhof, der etwa 500 Meter weiter auf einem Hügel lag. Die Grabsteine hatten zum Teil arabische Inschriften. Wir waren inzwischen so nahe an der russischen Grenze, daß wir Angst haben mußten, die Grenze aus Versehen zu überschreiten.

Warschau
Eine riesige Stadt, ein lärmender Verkehr. Von der Weichselbrücke, über die wir fuhren, hatte man einen schönen Blick auf die Weichselufer. Der Campingplatz lag neben dem Stadion und war nicht groß. Aber wir fanden, da wir früh ankamen, noch eine schöne Ecke. Mit dem Bus fuhren wir ins Zentrum, was übrigens ganz billig ist.

Zuerst fiel unser Blick auf einen großen Palast, der gar nicht in die Umgebung paßte. Es war das ungeliebte Geschenk der Russen an die Polen, das heute unter anderem das Kultur- und Wissenschaftsministerium beherbergt.

Am besten gefiel es mir in der Altstadt, wo wieder alles so ist wie früher. Alt-Warschau wurde im Krieg zerstört, aber nach alten Vorbildern wieder aufgebaut.

Das ehemalige Warschauer Ghetto fanden wir lange nicht. Es wurde ja auch vollständig zerstört. Die Häuserblocks, an denen wir vorbeikamen, standen im Gebiet des ehemaligen Ghettos. Das merkten wir aber erst später. Wir kamen dann zu dem großen Platz mit dem Mahnmal, vor dem eine Gruppe Deutscher stand. Es waren alles alte Leute, die sehr nachdenklich wirkten. Wir steuerten einen Verkaufsstand an, an dem Bücher verkauft wurden, die die Ereignisse der Judenverfolgung zum Inhalt hatten. Ein alter Mann, der dort verkaufte und der wie ein Jude aussah, warf meiner Mutter eine rote Nelke zu. Er sei Warschauer, sagte er auf die Frage meines Vaters, ob er Jude sei. Er wollte Versöhnung, und für ihn mache es keinen Unterschied, ob jemand Pole, Deutscher oder Jude sei.

Mir war das alles sehr feierlich, und ich fühlte mich wie in einem Gottesdienst.

Als wir den Platz verließen, sprachen wir kein Wort. Jeder hing seinen Gedanken nach. Ich hatte Mühe, nicht zu heulen, weil ich mir vorstellte, wie die armen Menschen hier gelitten haben, nur weil sie Juden waren und Hitler sie für Ungeziefer hielt, das ausgerottet werden mußte.

Krakau

Diese Stadt wurde weniger zerstört als andere, weil rechtzeitig die Russen kamen, um zu verhindern, daß Krakau von den Nazis in die Luft gesprengt wurde. Es ist eine schöne alte Stadt mit einer wechselvollen Geschichte. Auf dem Marktplatz mit den alten Häusergiebeln aus der Zeit der Renaissance herrscht Volksfeststimmung. Eine kleine Gruppe von Musikanten, unter denen ein Zigeuner ist, lockt die Leute an. Später werden auf einer Bühne Volkstänze aufgeführt. In den Tuchhallen herrscht ein reges Markttreiben, fast wie auf einem Bazar im Orient. Weil es uns in Krakau gefällt, bleiben wir noch einen Tag und verbringen auch den Abend in der Stadt. Für nur umgerechnet drei DM lassen wir uns von einem Taxi zum weit außerhalb der Stadt liegenden Campingplatz fahren.

Ein besonderes Erlebnis war ein Besuch im alten Judenviertel von Krakau. Wir kamen aus der alten Synagoge, die heute Museum ist, und wurden Zeuge, wie ein älterer Mann in einer Seitenstraße etwas an die Wand schrieb und dann eilig weiterging. Wir gingen hin, um zu sehen, was da stand. Wir konnten es nicht genau übersetzen. Der Mann hatte geschrieben: «ŹYDY won Polska dla Polaków!» Mein Vater schrieb alles genau ab und steckte den Zettel sorgfältig weg. Nun suchten wir den alten Judenfriedhof, von dem wir gelesen hatten. Wir suchten lange, weil der Eingang sehr privat wirkte und man von der Straße nur wenige hebräische Inschriften erkennen konnte.

Drei alte gebeugte Gestalten hantierten in dem Hof herum. Einer lud uns durch eine Geste ein, näherzutreten. Wir Männer bekamen ein Käppchen als Kopfbedeckung. Dann führte man uns in eine kleine Synagoge, in der noch Gottesdienste gehalten werden. Einen Rabbiner gibt es in Krakau nicht mehr, der nächste Rabbiner wohnt in Warschau. Unser Führer, etwa 70 Jahre alt, bezeichnete sich als jüngsten Juden in Krakau. Dann führte er uns auf den alten Friedhof, auf dem es Gräber gibt, die 400 Jahre alt sind. Es gibt auf jüdischen Friedhöfen keinen Blumenschmuck, weil Blumen vergänglich sind. Man legt Steine auf die Gräber. Auf diesem Friedhof wurde eine Klagemauer errichtet. Ein reicher Jude aus Amerika finanzierte das Kunstwerk, das aus zerschlagenen Grabsteinen besteht, die die Nazis für den Straßenbau freigegeben hatten. Bevor wir gehen wollten, bat uns der Jude, der uns führte, um eine Spende für sich selbst. Für die Synagoge hatten wir schon etwas gegeben.

Am Ende zog mein Vater den Zettel aus der Tasche mit dem Satz, den jener Mann an die Hauswand geschrieben hatte. Es hieß, wie wir richtig vermutet hatten: «Juden raus! Polen den Polen!» Der Alte rief die anderen alten Juden herbei und erzählte es ihnen auf polnisch. Betretene Gesichter. So etwas kommt in Krakau immer wieder vor. «In einer Demokratie darf man alles sagen», sagte der eine alte Mann. Nachdenklich gingen wir fort.

Oświecim – Auschwitz

Auf der Landkarte sucht man eine Weile, bis man den kleinen Ort gefunden hat, der zu so trauriger Berühmtheit gelangt ist.

Es war uns etwas beklommen zumute, als wir auf dem großen Parkplatz unseren Campingbus abstellten. Es standen dort viele ausländische Wagen, aber verhältnismäßig wenige deutsche. Es nieselte, und der Himmel war wolkenverhangen. Das Lager wirkt dadurch noch dunkler und trister. In den einzelnen Häusern, die vor dem Kriege zu einer Kaserne gehörten, gibt es Fotoausstellungen und Requisiten aus der Lagerzeit, Betten, Sträflingskleider und anderes. Schlimm und kaum zu ertragen der Anblick der Haarberge, die man vergasten Frauen abgeschnitten hatte. Der Geruch in dem Raum war entsetzlich. Und dann Fotos über Fotos aus den Archiven. Es waren ja gar nicht nur Juden, die in Auschwitz eingesperrt wurden, sondern auch Kriegsgefangene, z. B. aus Polen und Rußland. Es gab Fotos von jungen Menschen, von hübschen Frauen. Warum wurden sie vernichtet? Ich kann das alles nicht verstehen, und ich denke darüber nach, wie es mir wohl ergangen wäre, wenn ich damals gelebt hätte. Hätte man mich als Behinderten vergast? Wir waren auch in dem Keller, in dem Menschen vergast und anschließend verbrannt wurden. Grauenvoll, sich die Todeskämpfe der Menschen vorzustellen. Vor den Gaskammern steht der Galgen, an dem Rudolf Höss, Kommandant des Lagers, 1947 hingerichtet wurde.

Nachdem wir einige Häuser besichtigt hatten, reichte es mir, und meine Mutter und ich blieben jetzt draußen, während mein Vater noch mehr sehen wollte. Viele Besucher, auch geschlossene Gruppen mit Führer kamen an uns vorbei. Merkten sie, daß wir Deutsche waren? Es ist außerordentlich peinlich, als Deutscher Auschwitz zu besuchen. Eigentlich waren wir erleichtert, als wir das Gelände verließen. In Birkenau sind wir dann gar nicht mehr ausgestiegen. Das Lager verfällt langsam.

Breslau
Die Straßenbahnen sind lauter und altertümlicher als anderswo, und an den Haltestellen türmt sich der Abfall. Es war Sonntag, und in der Stadt war nicht viel los. Das Rathaus ist ja wirklich schön und manche Häuserfassaden auch, sonst hat es mir nicht so gut gefallen. Wir hatten Hunger und fanden zum Glück einen leeren Tisch draußen in der Nähe des Marktplatzes. Während wir aufs Essen warteten, flanierten einige Polinnen in schickster Garderobe vorbei. Sie stellten sich in Pose und ließen sich fotografieren.

Dann kam unser Essen, eine entsetzliche Mehlspeise, die sich Piroggen nannte. Mein Vater hatte gar nicht gewußt, was er bestellt hatte. Wir aßen pflichtschuldig die Teller leer und feixten dabei albern herum. Wer kann schon diese unaussprechlichen polnischen Wörter verstehen?

Dann ging es zur Straßenbahn, wo uns ein Betrunkener fast umgerannt hätte. Der arme Mann konnte sich kaum aufrecht halten. Als wir beim Stadion ankamen, war es bereits stockfinster. Um ein Haar wären wir zu früh ausgestiegen. Es sah an allen Haltestellen so ähnlich aus. Zum letzten Mal mußte ich es ertragen, wie die Straßenbahntüren sich mit einem ohrenbetäubenden Krach schlossen.

Wie schön ist es, wenn man bereits eine schöne Ecke auf dem Campingplatz belegt hat. Die Leute, die sich neben uns gestellt hatten, kamen aus Stuttgart.

Schlesien

Früher wohnten hier Deutsche. Das merkt man bald. Denn es begegnen uns viele Autos mit deutschen Nummernschildern. Es sind überwiegend ältere Leute, die unterwegs sind, um ihre Heimat, aus der sie 1946 vertrieben wurden, wiederzusehen. Auch auf dem Campingplatz in Jelenia Gora, dem früheren Hirschberg, lagern Flüchtlinge, wie man aus Gesprächsfetzen, die man zwangsläufig aufschnappt, schließen kann. Ich bekam mit, wie eine Bielefelderin den Leuten neben uns von ihrer Begegnung mit den Polen erzählte, die in ihrem früheren Elternhaus wohnen. Die Leute haben wohl einen gehörigen Schreck bekommen, als sie das deutsche Auto sahen. Aber man konnte sie beruhigen: Man will ja nur gucken und sich erinnern. Niemand denkt daran, die Polen zu vertreiben.

Eine Rundfahrt durch einige Orte im Riesengebirge machte deutlich, welche Bedeutung in dieser Region der Fremdenverkehr hat. Als mein Vater plötzlich zu singen anfing: «Riesengebirge, deutsches Gebirge», war das selbstverständlich als Witz gemeint, und den Rübezahl mit seinen Zwergen haben wir dann auch noch bemüht.

Nachsatz: Als unsere Nachbarin, die aus Hirschberg stammt, erfuhr, daß wir wirklich dort waren und auch die Kirche Wang* gesehen hatten, kannte ihre Begeisterung keine Grenzen, und die Gespräche über den Gartenzaun fanden kein Ende.

* Eine alte norwegische Stabkirche, die Kaiser Wilhelm II. im Riesengebirge wiedererrichten ließ.

22. August 90

Liebe Frau Orff,
als ich vor einer Woche aus dem Urlaub kam, fand ich Ihren Brief vor. Ich habe mich sehr gefreut. Vom Polenurlaub gibt es viel zu erzählen. Darum schicke ich Ihnen lieber gleich eine Kopie meines Reiseberichtes. Es war mal wieder ein toller Urlaub.
Was ich sonst mache, wollen Sie wissen. Mit dem Fernkurs war ich im Juni fertig. Ich warte aber immer noch auf das Zeugnis, das man mir versprochen hat. Sonst geht es mir nicht so gut. Ich habe keine Perspektive, und das wird immer deutlicher, meine Nerven sind ganz erheblich geschwächt. Darum gelingt mir ja auch vieles nicht, z. B. das Sprechen. Und ich habe doch so viel geübt. Das macht mich zuweilen ganz mutlos.
Ich brauche auch wieder eine Aufgabe, ein Ziel.
Vielleicht ergibt sich ja eine Möglichkeit an der Fernuni Hagen.

Mit herzlichen Grüßen Ihr Dietmar Zöller

27. August 90

Ich weiß, daß Mama traurig ist meinetwegen, und kann doch auch nichts daran ändern, daß ich so enttäuscht bin über R. Aber ich schreibe ihm auch nicht. Zwei Briefe hat er bekommen, aber keine Reaktion. Es hätte ihn doch wohl interessieren können, daß der Fernkurs fertig ist. Nun bin ich sauer auf ihn. Er kann lange warten, bis ich mich wieder melde. Ich habe schließlich auch meinen Stolz.

...Ich will nicht die Sprachtherapie aufgeben. Es braucht viel Zeit, aber vielleicht wird es doch noch besser. Die Übungen mit Druck sind gut.

26. August 90

Liebe Frau J.,
mit großem Interesse las ich «La petite fille qui ne parlait pas». Es gab manche Parallele zu mir und meiner Familie.
Es ist doch merkwürdig, daß auch in Kanada die Schulen und die Schulbehörden ähnlich reagieren wie bei uns, nämlich mit Unverständnis. Was hätte aus Chantal werden können, wenn sie so viel hätte lernen dürfen wie ich in meinem Fernkurs. Chantal ist ja viel selbständiger als ich.
Mir ist das Buch ein Ansporn, in dem Bereich noch weiterzukommen. Es sollte doch möglich sein, durch Üben noch etwas zu verbessern, was sehr geschwächt ist von Anfang an, das Nervensystem und die Muskeln. Ich weiß, daß ich einen organischen Schaden habe. Wenn es nur die Psyche wäre, dann müßte ich schon gesund sein. Das ist mein Gefühl.
Ich hänge zur Zeit etwas durch, weil ich keine konkrete Aufgabe mehr habe. An der Fernuni Hagen könnte ich erst zum nächsten Semester etwas belegen.
Grüßen Sie A. Ich wollte, ich könnte so frei heraus reden wie sie.

Dietmar

29. August 90

Liebe Frau P.,
wir sind schon fast zwei Wochen aus dem Urlaub zurück. Es kommt mir viel länger vor, weil ich mich gelangweilt habe. Der Reisebericht war in kurzer Zeit fertig. Ich schenke Ihnen eine Kopie davon. Dann können Sie merken, daß wir etwas von der Reise hatten und daß ich voll auf meine Kosten gekommen bin. Aber danach habe ich mich ganz leer gefühlt, als mir klarwurde, daß ich keine konkrete Aufgabe mehr habe. Es ist für mich fast nicht auszuhalten, wenn ich nicht weiß, was ich machen kann.

Mama hat das wohl verstanden und schließlich bei der Fernuni Hagen angefragt, welche Möglichkeiten es dort gibt. Ich kann auf jeden Fall als Gaststudent Fächer belegen, aber erst im Sommersemester, weil die Fristen schon vorbei sind.

Vielleicht könnte ich aber auch mein Zeugnis vom Fernkurs anerkannt bekommen und wäre dann richtiger Student.

Ich denke viel darüber nach, was ich eigentlich will. Ich bin nun auch wieder sicher, daß ich nicht aufgebe, auch wenn man bis jetzt keine Erfolge sehen kann, jedenfalls nicht von außen.

Ich spüre aber schon viel mehr in den Händen und Füßen und empfinde das als angenehm. Darum hoffe ich auch, daß ich noch besser mit meinem Körper zurechtkommen kann.

Viele Grüße Dietmar

4. September 90

Frau St. kann mich auch nicht zum Sprechen bringen. Darum will ich nur noch alle zwei Wochen hin. Das Üben muß zu Hause passieren. Ich kann mir nicht vorstellen, was man sonst noch üben könnte. Aber es ist wirklich noch nicht aller Tage Abend.

8. September 90

Endlich habe ich ein Zeugnis bekommen und freue mich sehr. Da kann ich nun nachweisen, daß ich alles gelernt habe. Was sollte dagegen sprechen, daß ich ein Fernstudium beginne? Ich habe dann wieder Hoffnung und kann mein Schicksal akzeptieren.

Ich kann ja unmöglich in eine Werkstatt gehen. Das will ich auch nicht. Ich bin ein Kopfmensch und werde es wohl nie schaffen, so zu arbeiten wie andere Menschen ...

10. September 90

Gestern war ein Tag zum Jammern. Meine Mutter rutschte aus und verletzte sich am linken Oberschenkel. Zuerst sah es so aus, als wäre etwas gebrochen. Sie war aschfahl im Gesicht und mußte dann trotzdem noch eine Ecke laufen. Zu Hause brach sie dann zusammen, so daß Vater den Krankenwagen rufen mußte. Glücklicherweise mußte sie nicht im Krankenhaus bleiben, und das Bein war auch nicht gebrochen. Aber Schmerzen hatte sie trotzdem. Ich habe Mitleid mit ihr und liebe sie noch mehr.

12. September 90

Mit A. schwimmen gewesen. Es war im Schwimmbad ein Höllenlärm. Da war ich ziemlich nervös. Und dann ging es los. A. verärgert, ich verärgert. Ich gebe mir ja Mühe, weil ich weiß, daß ich auf A. angewiesen bin, aber ich mag ihn wirklich nicht besonders. Er zeigt mir immer wieder, daß er mich nur akzeptiert, wenn ich mich gut benehme und kusche.

16. September 90

E. hat mich besucht. Er ist ein feiner und kluger Mensch, dem ich aber nichts bieten kann. Er hat aber wohl etwas von dem Besuch bei uns gehabt, weil bei uns die Atmosphäre herzlich ist. Wenn psychisch kranke Menschen so wie E. sind, könnte ich mir gut vorstellen, daß ich mit solchen Menschen leben könnte. Da ist ja doch eine Tiefe der Erlebnisfähigkeit, die meinem Erleben vergleichbar ist.

20. September 90

Ich freue mich, daß ich für Maren und Gernot ein würdiger Pate für ihr Kind sein werde. Ich freue mich auf das Baby.

Vielleicht kann ich ja noch lernen, mit einem kleinen Kind umzugehen. Ich bin gespannt, wie das wird. Meine Gefühle sagen mir, daß es eine Bereicherung wird.

20. September 90

Lieber Rolf,
bin ich bei Dir in Ungnade gefallen, oder ist etwas passiert, wovon ich nichts weiß? Ich bin sehr traurig, daß ich nichts mehr von Dir höre. Ich habe Dir zwei Briefe geschrieben und keine Antwort bekommen. Nicht einmal auf die Meldung, daß ich mit dem AKAD-Kurs fertig bin, hast Du reagiert. Inzwischen haben die mir ein Zeugnis geschrieben, so daß ich nun auch einen Nachweis über meine Leistungen habe. Damit werde ich mich an der Fernuni Hagen bewerben. Dort gibt es viele Sonderregelungen für Behinderte. Man kann z. B. Hausarbeiten statt Klausuren schreiben. Ich muß wieder etwas haben, was mir Freude macht und wobei ich mich anstrengen muß. Sonst versaure ich. Im Urlaub waren wir in Polen. Das war eine ganz interessante Reise. Es gibt auch einen Reisebericht darüber, aber nur für Leute, die mich noch mögen. Ob Du noch dazu gehörst?
Was machen Deine Schüler? Ärgern sie Dich, oder sind sie brav, wie wir es waren?
Ich werde übrigens im nächsten Jahr Onkel und freue mich riesig darüber.

Viele Grüße Dietmar

3. Oktober 90

Das war gestern eine Depression. Es ist so schlimm zu erfahren, was alles gehen müßte, aber nicht geht. Ich bemühe mich mehr, als alle ahnen. Verzeiht die Ausbrüche!

26. Oktober 90

Bei Frau St. gewesen und Lichtblicke gehabt. Es ist noch nicht alles verloren, und ich kämpfe weiter. Es scheint doch wohl so zu sein, daß Motorik und Sprache zusammengehören und man das eine nicht ohne das andere üben kann. Ich übe weiter, auch wenn ich zuweilen mutlos bin.

8. November 90

Es ist mir ein Rätsel, warum mich so viele Leute vergessen, die mich mal gemocht haben. Es macht mich sehr traurig, daß ich keine Post mehr bekomme.

25. November 90

Morgen gehe ich mit in Mamas Unterricht, und darauf freue ich mich. Es sollte mal wieder etwas Interessantes passieren. Was ich nicht leiden kann, ist Leerlauf. Ich brauche Anregung und Arbeit. Dann geht es mir gut.

26. November 90

Heute war ich in der Schule. Es war zuerst etwas nervig, weil ich nicht alle Schüler kannte und einer mich dumm angeguckt hat. Es war, wie sich später herausgestellt hat, U. Der war verunsichert durch mich. Ich habe ihn von der Seite gesehen. Ich weiß, daß ich mich nicht so gut benommen habe, und schäme mich deswegen auch. Meine arme Mutter hat sich auch geschämt. Das habe ich wohl bemerkt und hatte auch

Mitleid. Aber der Deutschunterricht lief gut, und es hat mir eingeleuchtet, was erarbeitet wurde.

September 90

Lieber Dietmar Zöller!

Ich bin Mutter eines behinderten Jungen, der inzwischen 14 Jahre alt ist. Sein Bruder ist «verhaltensauffällig», eine Bezeichnung für viele Menschen, die es etwas schwerer haben mit dem Leben und der Welt.

In diesem Sommer habe ich Ihr Buch «Wenn ich mit euch reden könnte...» gelesen. Selten hat mich ein Buch so bewegt, und darum habe ich das tiefe Bedürfnis, Ihnen zu schreiben und Ihnen zu sagen, wieviel Mut Sie mir gemacht haben. Ich möchte Ihnen sehr dafür danken, daß Sie diese Texte und Gedichte geschrieben haben und daß Sie den Mut hatten, sie zu veröffentlichen. Vieles verstehe ich besser dadurch, meine eigenen Kinder auch. [...]

Der zweite Grund, weshalb ich Ihnen schreibe, ist der, daß ich von Ihren Texten, Gedichten und Bildern sehr beeindruckt bin und sie für künstlerisch wertvoll halte. [...] Ich denke, daß eine solche kreative Arbeit für Menschen mit Behinderungen – welcher Art auch immer – wesentlich ist, für manche sogar ein Weg zum Überleben. Darum haben wir – mein Mann und ich und viele andere Betroffene und Interessierte – in diesem Jahr in Ost-Berlin eine Vereinigung gegründet mit dem Namen *Sonnenuhr* Haus der Begegnung – Kulturelles Zentrum für Menschen mit geistiger Behinderung und andere e. V. Wir möchten in dieser Vereinigung vor allem Behinderten, aber auch anderen, die Möglichkeit geben, sich in den Künsten zu betätigen, ihre «Sprache» zu finden, ihre Art, sich auszudrücken, und ihnen handwerklich dabei behilflich sein. Wir selbst leiten seit drei Jahren eine kleine Theatergruppe in der Tagesstätte unseres Sohnes und nennen sie «Zirkus». Oft sind wir schon aufgetreten, und dabei haben wir erfahren, wie wichtig das für die Jugendlichen war und ist, wieviel sie an Gewinn für sich hatten dabei. In der DDR war das bisher gar nicht oder nur im kleinsten Rahmen erlaubt.

Am 4. 11. dieses Jahres stellen wir unser Projekt das erste Mal der Öffentlichkeit vor. Das geschieht in einer Matinee im Deutschen Theater Berlin als eine gemeinsame Produktion des Theaters und des Vereins *Sonnenuhr*. In dieser Matinee treten verschiedene Künstler mit Behinderungen auf (Musik, Theater), und es sollen Texte behinderter Menschen oder über behinderte Menschen von bekannten Schauspielern gelesen werden. Teilweise sollen dazu die Bilder projiziert werden, die die gleichen behinderten Künstler – ähnlich wie Sie – hergestellt haben. Wir möchten Sie fragen, ob wir Texte aus Ihrem Buch verwenden dürfen – Gedichte, Briefstellen, Träume, die von Ihrem schweren Kampf erzählen und von Ihrer Kraft und Ihrem Humor, und die Sie als Künstler ausweisen. Dazu würden wir gern einige Ihrer schönen Bilder projizieren. Ihre Texte sind uns besonders wichtig, da sie einerseits von einem Betroffenen stammen, andererseits sehr gut darüber reflektieren und nachdenken. Es ist wie von innen und zugleich von außen erzählt, und das ist das Besondere.

Das ist einzigartig und ist es wert, anderen mitgeteilt zu werden. Nicht nur wir wären Ihnen dafür sehr dankbar, wenn Sie es uns gestatten würden. Vielleicht haben Sie noch andere Bilder.
Ich möchte aber gleich dazu sagen, daß die Vereinigung sich erst in diesem Jahr gegründet hat und noch über sehr wenig Geld verfügt. Auch die Kassen der Kommunen in der DDR sind leer, so konnten wir bisher materiell nicht unterstützt werden. Darum möchten wir Sie bitten, uns die Verwendung der Texte kostenlos zu erlauben. Wir werden auch den Verlag diesbezüglich anschreiben.
Wir würden Sie allerdings sehr gern einladen, mit Ihrer Mutter oder einer anderen Begleitperson zur Matinee zu kommen.

Herzliche Grüße G. H.

29. September 90

Liebe Frau H.,
vielen Dank für Ihren freundlichen, anerkennenden Brief. Ich habe mich gefreut. Selbstverständlich dürfen Sie meine Texte und Bilder kostenlos verwenden. Danke auch für die Einladung. Aber ich möchte nicht kommen. Ich bin scheu und gehe nicht in die Öffentlichkeit. Ich will nicht angeschaut werden. Außerdem bin ich wohl weniger selbständig, als Sie meinen. Ich denke zwar selbständig und bin kritisch, aber im Lebenspraktischen bin ich eine Null. Ich könnte niemals alleine reisen. Und meine Mutter, die als Begleitperson in Frage kommt, ist Lehrerin und hat nur in den Schul-

ferien Zeit. Oft nicht einmal dann. In diesen Herbstferien ist sie – wie in jedem Jahr – auf einer Freizeit für Eltern mit autistischen Kindern.
Ihr Brief hat mir sehr gefallen. Sie verstehen offensichtlich etwas von Behinderten und von Kunst.

Viele Grüße Dietmar Zöller

Beobachtungen im Zusammenhang mit den Feldenkrais-Übungen

2. Oktober 90

Mein Gleichgewicht
Wenn ich Übungen auf der Rolle mache, dann merke ich, daß ich inzwischen wohl die Gleichgewichtsprobleme überwunden habe. Es macht mir nichts mehr aus, wenn ich dabei in einen schwebenden Zustand gerate, d. h. wenn ich z. B. nur mit einem Körperteil Bodenkontakt habe. Ich kann mich auch sicher abstützen, so daß ich keine Angst mehr zu haben brauche.

Meine Arme und meine Schultergelenke: Ich soll die Arme hängen lassen und nicht immer angewinkelt vor der Brust tragen. Was macht man, wenn eine solche Haltung eingeschliffen ist? Schon lange fordert mich meine Mutter beim Spazierengehen auf, die Hände in die Hosentaschen zu stecken. Das geht auch für eine Weile. Aber dann habe ich das Bedürfnis, die Arme wieder anzuwinkeln. Ich weiß nicht, warum.

Nun hat meine Mutter eine neue Idee gehabt. Sie steckte je einen schweren Ziegelstein in eine Leinentasche. Ich muß nun die Taschen eine Zeitlang durch die

Wohnung tragen. Dabei spüre ich, wie meine Schultern hängen. Sonst spüre ich die Schultern so gut wie nicht. Aber es macht mir Mühe, die Arme hängen zu lassen. Ich möchte selbst gern wissen, womit das zu tun hat.

5. Oktober 90

Eine neue Erfahrung

Mama verband mir die Augen mit einem Tuch und führte mich an den Hüften durch die Wohnung. Wir hatten dabei schnell harmonische Bewegungen und kamen in angenehme konzentrische Schwingungen. Auch rückwärts ging es gut. Manchmal haben wir auch Kreise gedreht.

Dann wurde ich rückwärts die Treppe hoch geführt.

Ich kann mich gut orientieren, viel besser, als ich gedacht habe. Also kann mein Körpergefühl gar nicht so schlecht sein bzw. ist nur in einigen Bereichen gestört.

20. Oktober 90

Entwicklung der Hände – eine Bestandsaufnahme

Zuerst haben meine Mutter und ich die Fingerkuppen verstrebt. Zum Beispiel drückte ich die Kuppe meines Mittelfingers gegen die entsprechende Fingerkuppe meiner Mutter, so daß eine Art Torbogen entstand. Dann haben wir die Übung erweitert: Ich drückte nacheinander mit meinen einzelnen Fingern einen Finger meiner Mutter runter, von unten nach oben nach rechts oder links. Wir haben die Erfahrung machen müssen, daß ich an manchen Tagen nicht in der Lage bin, in die angestrebte Richtung den Finger seitwärts zu drücken. Ich kann also den Druck nicht richtig steuern. Aber ich spüre bei all diesen Übungen die Finger gut. Das läßt aber wieder nach, so daß neue Übungen notwendig sind. Aber die Wirkung hält schon länger an. Auch beim Schreiben versuchen wir, etwas zu verbessern. Damit ich den Stift fester anfassen kann, haben wir eine Manschette aus Sandpapier herumgeklebt. Das gefällt mir gut, und ich halte den Stift fester in der Hand. Aber es geht noch nicht ganz gut. Meine Schrift ist recht unleserlich.

24. Oktober 90

Meine Hände sind heute überempfindlich, was vielleicht etwas damit zu tun hat, daß wir so viele Übungen machen. Aber es ist viel Leben darin, ganz anders als noch vor einem Jahr. Ich will darum auch weitermachen, auch wenn es manchmal unangenehm ist.

Bei den Füßen ist es ähnlich. Ich genieße den Noppenball. Damit kann man eine Massage machen, die eine Tiefenwirkung hat. Meine Zehen tauen langsam auf, so daß ich sie einzeln spüre, aber das ist nur der Fall, wenn ich vorher die Füße berührt bzw. massiert habe.

25. Oktober 90

Mit der rechten Hand habe ich Druck- und Ziehübungen gemacht. Außerdem wurden alle Teile der Hand mit Sandpapier bearbeitet. Das Sandpapier, das um meinen Kuli geklebt wurde, eignet sich gut für solche Übungen.

Jetzt vergleiche ich die rechte Hand mit der linken. Der Unterschied ist groß. Rechts spüre ich jeden Finger einzeln, links spüre ich die Hand als Ganzes.

Wir versuchen andere Schreibhaltungen als meine gewohnte. Es ist dabei nicht wichtig, daß ich etwas Sinnvolles schreibe, sondern daß ich den Kontakt zum Papier halte und beobachte, was meine Hand, mein Arm und mein Schultergelenk macht. Mein ganzer rechter Arm ist beim Schreiben beteiligt. Ich spüre aber den Oberarm wenig. Ich weiß, daß er beteiligt ist. Das Wissen und das Spüren sind aber etwas Verschiedenes.

25. Oktober 90

Liebe B.,
Du bist aber eine treue Seele. Darum beantworte ich Deinen Brief sofort. Ich wäre nämlich dran gewesen, Dir zu schreiben. Eigentlich bin ich einsamer denn je. Es schreiben mir nicht mehr viele Leute, und Freunde habe ich keine. Ich habe es sogar geschafft, daß mich die Zivis des Autistenvereins für einen ganz schweren Fall halten und nicht gern zu mir kommen. Das sagt keiner offen, aber ich spüre es. Meinem früheren Lehrer habe ich drei Briefe geschrieben und keine Antwort bekommen. Das macht mir viel aus, und ich bin etwas verbittert. Ansonsten trainiere ich meinen Körper und muß mir eingestehen, daß mein Nervensystem ganz erheblich beeinträchtigt ist, mehr als ich wußte, und darum

sind auch keine großen Fortschritte möglich, auch in der Sprache nicht.
Unser Sommerurlaub war herrlich. Wir haben mit dem Campingbus eine Reise durch Polen gemacht. Ich habe darüber einen Bericht geschrieben, den ich Dir schicke. Hoffentlich kannst Du meine Schrift lesen. Ich kann z. Z. nicht gut schreiben, weil ich mit den Fingern Übungen machen muß, die bewirken, daß sich alles anders anfühlt. Ich weiß jetzt, daß meine Finger leblos gewesen sind, ohne daß ich es wußte. Ich mußte sie erst einmal spüren, um das zu registrieren. Das meine ich mit gestörtem Nervensystem. Offensichtlich leiten bei mir die Nerven nicht alle Reize richtig weiter.
Ich danke Dir, daß Du an mich gedacht hast.

Viele Grüße Dietmar

8. November 90

Ich kann es nicht zeigen, was ich geübt habe. Noch immer ist es so, daß ich kaum einen Ton herausbekomme, wenn ich bei Frau St. bin. Wenn sie mich berührt, ist alles aus. Ich wollte, es wäre anders. Aber ich gebe nicht auf und übe trotzdem weiter.

9. November 90

Manchmal fühle ich mich so, als hätte ich keinen Körper. Dann muß ich alles versuchen, um mich zu spüren. Am besten gelingt mir das, wenn ich mich im Sitzen mit den Händen abstütze und meinen Körper entgegen der Schwerkraft hochziehe. Das gibt mir ein angenehmes Körpergefühl. Es ist aber wohl etwas schockierend, wenn ich eine solche Übung im Zugabteil mache. Die Leute gucken dann ganz schön blöd.

10. November 90

Beherrschung

Was steckt nicht alles in diesem Wort drin. Was soll ich beherrschen? Meinen Körper, meine Stimme, meine Gefühle. Ich weiß das alles ganz genau. Warum klappt es trotzdem nicht immer? Es ist doch wohl so, daß gesunde Menschen viel mehr Kontrolle über ihr Nervensystem haben.

Für mich ist die Kontrolle Schwerstarbeit. Es geht ja nicht automatisch. Ich nehme alle Kraft zusammen, denn ich will ja meine Nerven unter Kontrolle halten. Es ist ein großes Unglück, feststellen zu müssen, daß es mal wieder nicht gelungen ist.

Wie lernt wohl ein gesundes Kind das Stehen und Gehen? Ich beobachte mit Neid und Verwunderung, daß es mühelos geht. Ich aber quäle mich als 20jähriger damit herum, meine Teile im Gleichgewicht zu halten. Daß ich dabei auf Außenstehende verkrampft wirke, ist kein Wunder.

Es ist auch nicht immer gleich. An manchen Tagen ist das Leben einfacher, weil meine Körperteile besser im Gleichgewicht sind. Dann kann ich auch etwas tun. Ich fühle mich manchmal, als wäre ich ein Spastiker, obwohl es äußerlich keine Anzeichen für eine spastische Lähmung gibt.

11. November 90

Es ist zum Aus-der-Haut-Fahren. In einer solchen Redensart steckt viel Wahrheit und noch mehr Erfahrung.

Ich möchte manchmal aus der Haut fahren, weil es im ganzen Körper juckt und kribbelt. Ich kann dann auch nicht einen Moment ruhig sein, sondern bewege mich unaufhörlich. Ich merke dann gar nicht mehr, was meine Hände und Füße tun. Erst die Reaktion meiner Mitmenschen zeigt mir, wie unmöglich ich mich verhalte. Aus der Haut fahren könnte ich auch, wenn ich ein bestimmtes Motorengeräusch höre, auf das ich nicht eingestellt bin. Es tut dann alles weh, und ich verliere mein Gleichgewicht, und zwar nicht nur im übertragenen Sinn, sondern körperlich wahrnehmbar. Es ist, als würde ich auseinanderbrechen in meine einzelnen Teile. Meine Haut hält mich zusammen. Wenn ich sie spüre, d. h. meine Konturen wahrnehme, fühle ich mich als ganzer Mensch. Ich grenze mich durch meine Haut von der Umwelt ab und werde durch die Empfindung in meinen Körpergrenzen zur eigenen Person.

Aus-der-Haut-fahren-Wollen bedeutet, die Persönlichkeit aufgeben, die Gefahr, in ein Nichts zu tauchen.

Hoffnung und Resignation

Wenn Schnee das Erdreich
bedeckt
und Kälte in den Kleidern
sich breitmacht,

dann denken manche,
Weihnachten,
das heiligste aller entheiligten
Feste,
stehe vor ihnen
wie ein Berg,
unüberwindbar und trostlos.
Und trotzdem leuchtet
ein Licht.
Verzichten will ich auf
Weihnachten,
wenn Menschen erfrieren,
wenn es keinen Platz gibt für
ihn.

Dezember 90

12. Dezember 90

Lieber Rolf,
ich ließ Dich warten und schrieb nicht zum Geburtstag, obwohl ich es nicht vergessen hatte. Ich habe über mein Verhalten nachgedacht und finde es nun geradezu kleinlich. Wahrscheinlich hast Du es gar nicht einmal bemerkt. Inzwischen habe ich ja ein Bild von Dir, auf dem Du aussiehst wie einer, der keine Witze machen kann. Und doch habe ich gesagt «Witzbold», als ich das Kalenderblatt sah. Ich werde es aufhängen und an Dich denken, wenn Du meine Briefe gar nicht oder nach einem halben Jahr beantwortest. Aber die Pralinen waren gut und haben mich gnädig gestimmt. Auch habe ich Deinen Brief mit Schmunzeln gelesen. Kann ich

überhaupt sichtbar schmunzeln? Ich weiß es gar nicht. Ich entdecke immer mehr, was ich nicht kann und hätte üben müssen. Aber meine Mundmuskulatur ist schon beweglicher geworden. Ich übe weiter und gebe nicht auf.
Ich wünsche Dir und Deinen Lieben ein schönes Fest.

Dietmar

1991

Sprachtherapie und Körperübungen zeigten im neuen Jahr kleine Erfolge. Gesunde Menschen können sich vermutlich gar nicht vorstellen, wie das ist, wenn man zum ersten Mal die Füße richtig spürt oder die Lippen und den Gaumen.

Das neue Jahr, das ja zuerst vom Golfkrieg überschattet war, brachte mir und meinen Eltern viel Ärger mit Behörden. Was man alles erleben kann, wenn man als Behinderter in einem Jahr monatlich mehr als 750 DM verdient hat, darüber habe ich in der ersten Jahreshälfte manch bissigen Satz geschrieben und noch bissigere Gedanken gehabt.

Es ist nur gut, daß es auch noch Freude im Leben gibt. Ich freue mich über entstehendes Leben, über die blühenden Bäume und über ein Kind, das hoffentlich meinem Bruder und seiner Frau nicht so viel Kummer bereitet wie ich meinen Eltern.

7. Januar 91

Es gibt Menschen, die wollen alles auf einmal. P. möchte mich beschäftigen, ob ich Lust habe oder nicht. Er hat noch nicht begriffen, daß ich Mühe habe zu leben, wie ich lebe, nämlich meinen Körper zusammenzuhalten.

8. Januar 91

Carmen hat mich wirklich gern. Ich muß darum auch gut mitmachen. Es ist doch immer wieder ein Lichtblick, wenn Menschen mich mögen.

Meine Füße sind nun wirklich ein Teil von mir und hängen nicht mehr unmotiviert an meinem Körper. Ich habe Hoffnung, daß auch mein großer Zeh noch aufwacht. Etwas mehr spüre ich auch in dieser Region.

10. Januar 91

Es war ein schöner Spaziergang mit P. Wenn er sich nicht kontrolliert fühlt, lebt er richtig auf. Ich mag ihn dann recht gern. Daß ich alleine eine Leiter runtersteigen konnte, hätte er nicht gedacht. Ich wußte es ja selbst nicht.

Ich glaube, daß ich wirklich meinen Körper besser unter Kontrolle habe. Warum ich ausgeflippt bin? Ich hatte Probleme mit den Füßen und mußte sitzen, damit sich die Verkrampfung löste. In dem Augenblick kam die Polizei vorbei und dachte wohl, daß ich Schmerzen habe. Die haben etwas dumm geguckt und fuhren schnell weg, nachdem P. alles erklärt hatte.

12. Januar 91

Wenn samstags Schule ist, geht es meiner Mutter schlecht, und sie ist überfordert. Ich sehe das auch ein, denn es gibt keine freie Minute für sie. Ich weiß nicht, wie ich dem abhelfen soll, denn es ist ja wirklich so, daß ich eine Hemmung habe, wenn ich etwas tun will, was aber nicht immer gleich schlimm ist. Manchmal geht es besser, manchmal schlechter, als wenn die elektrischen Leitungen manchmal blockiert sind und die Impulse nicht weitergeben.

13. Januar 91

Meine Zunge

Gestern bei Frau St. hatte ich keine Kontrolle über meine Zunge. Ich habe sie nur unter den Gaumen bringen können, wenn Frau St. gegen den Gaumen gedrückt hat. Heute zu Hause gelingt es mühelos. Ich bin froh darüber, denn wir haben für diese Übungen schon einmal viel Zeit investiert. Aber erklären kann ich es auch nicht. Vielleicht spielt es eine Rolle, daß ich heute schon Kraftübungen gemacht habe.

13. Januar 91

Liebe Frau W.,

hoffentlich sind Sie wieder ganz gesund und können wieder Bücher verkaufen. Wir waren zwischen Weihnachten und Neujahr einmal in Heidelberg. Meine Oma, die zu Besuch da war, sollte einmal das Heidelberger Schloß sehen und natürlich die Bude, in der

Enkel Rüdiger haust. Leider war aber das Wetter sehr schlecht, so daß wir ziemlich früh zurückgefahren sind. Nun sind wir wieder allein, und meine Mutter hat wieder mehr Zeit für mich.
Ich habe meine Oma gern, bin aber doch froh, wenn sie nicht zu lange bleibt. Ich brauche sehr viel Ruhe, und jeder Besuch regt mich auf und bringt mich aus dem Konzept. An diesem Wochenende ist Rüdiger da, und schon reagiere ich mit Unruhe und schäme mich deswegen, denn ich habe ihn doch gern.

Viele Grüße und alles Gute für 1991
Ihr Dietmar Zöller

14. Januar 91

Liebe B.,
nun muß ich Dir endlich für Deinen lieben Brief danken und Deine Arbeit über «Die weiße Rose». Das ist eine gute Arbeit, und ich habe gedacht: Wie schade, daß ich so etwas in der Schule nie machen konnte. Ich bin immer noch nicht darüber hinweg, daß Eure Schule mir keine Chance gegeben hat. Man hat mir ja nicht einmal offiziell mitgeteilt, daß man mich nicht will, sondern es uns über Frau Dr. A. sagen lassen. Damals war allerdings der Zeitpunkt, um Neues anzufangen, sehr ungünstig. Ich war extrem unruhig. Meine Nerven haben total verrückt gespielt. Das ist wieder besser geworden. Ich kann jetzt wieder ruhig in einer Schulklasse sitzen, ohne aufzufallen. Meine Mutter nimmt mich wieder häufiger mit. Im Grundkurs 12 wurde letzte Woche Faust II besprochen. Aber es wäre besser,

wenn meine Mutter die Schule als ihren Freiraum behalten könnte. Daß Eure Klasse mir zum Geburtstag geschrieben hat, war sehr lieb. Sag denen, die unterschrieben haben, meinen Dank und Grüße.

Dir liebe Grüße und alles Gute für 1991. Dietmar

Der Golfkrieg

14. Januar 91

Was haben wohl die Amerikaner im Sinn, wenn sie ihrem Präsidenten eine Blankovollmacht geben, Krieg gegen Irak zu führen oder nicht? Ich glaube nicht, daß die Weltöffentlichkeit diesen Entschluß versteht. Wer will den Krieg? Das gibt doch eine Vernichtung großen Ausmaßes, von der keiner so richtig weiß, welche Länder tangiert sind. Ich habe Angst vor einer Vernichtung großen Ausmaßes und bin nur froh, daß meine Brüder den Kriegsdienst verweigert haben und nicht eingezogen werden können.

15. Januar 91

Wenn ich doch wüßte, ob am Golf schon Krieg ist. Ich muß immer daran denken und habe große Angst. Wo ist Gott? Er sollte doch helfen, daß kein Blut vergossen wird. Ich hoffe immer noch, daß er seine Menschen doch noch beschützt. Was ist das für ein Unsinn, sich gegenseitig zu vernichten.

Ich finde gar nicht, daß die Menschen im Irak schlechtere Menschen sind als wir. Sie sind aber wohl ärmer und darum auch anfälliger für Beeinflussungen und Hysterie.

17. Januar 91

Es ist wahr geworden, was ich befürchtet habe. Der Krieg hat begonnen. Es ist so schrecklich zu denken, daß im Irak Zivilisten – Frauen, Kinder, alte Menschen – zugrunde gehen. Sie können doch nichts für diese Entwicklung. Ich glaube auch gar nicht, daß alles so harmlos abgelaufen ist, wie das Fernsehen es darstellt.

20. Januar 91

Es wird ein langer Krieg werden, das weiß man nun, und ich begreife langsam, daß ein Krieg die Folge von Gottlosigkeit ist. Auch wenn Saddam Hussein überzeugt ist, er führe einen Heiligen Krieg, muß man sehen, daß Gott nicht beteiligt ist. Menschen machen den Krieg. Das ist doch wohl klar.

Wie soll ich mir erklären, auf welchem Wege Menschen dazu kommen, Krieg zu planen? Da ist das Böse schlechthin am Werk.

Krieg

Menschen als Raketenfutter.
Menschen ohne Liebe
werden verladen
wie Kadaver.

Menschen als Zielobjekte,
Menschen ohne Mitgefühl
werden gejagt
als wilde Bestien.

Menschen als Befehlsvollstrecker,
Menschen ohne Freiheit
müssen bluten
für nichts.

Februar 91

Beobachtungen zu den Feldenkrais-Übungen und der Sprachtherapie

25. Januar 91

Heute waren wir zur Sprachtherapie in Pforzheim. Es ist mir unangenehm, wenn jemand so schrill spricht wie Frau St.

Was kann ich nur tun, damit ich automatisch Laute produziere? Es ist ja immer noch so mühsam. Ich habe aber die Kontrolle über die Mundmuskulatur fast ausschließlich über den kinästhetischen Sinn. Wenn ich zum Beispiel den Gaumen spüre, kann ich auch die Zunge hinbringen. Das Problem liegt weniger in der Zunge als im Gaumen, der so unempfindlich ist.

26. Januar 91

Meine Füße, die wochenlang täglich massiert wurden – mit einem Noppenball und mit Kugeln – sind inzwischen aufgewacht. Ich spüre sie gut und kann den kräftigen Druck gar nicht mehr so gut aushalten. Manche Stellen reagieren nun geradezu überempfindlich, besonders die Zone, die die Reflexzone der Augen darstellen soll.

Ich finde die Abbildungen der Reflexzonen sehr interessant. Mir ist inzwischen auch klar, warum ich jahrelang keine Schuhe tragen mochte. Es war so entsetzlich unangenehm. Ich hatte ein Gefühl vom Fuß, als sei er zentnerschwer und ein überflüssiger Fleischklumpen meines Körpers, wenn ich saß oder lag. Beim Laufen konnte ich die Füße ja besser spüren.

Wie unempfindlich mein Mund ist, ist heute mal wieder deutlich geworden. Ich sollte mit dem Mund einen Korken aufheben. Es ging nichts, obgleich ich es wollte. Die Lippen spüren nichts, und darum kann ich damit nichts anfassen. Ich weiß aber jetzt allmählich, wie man das ändern kann. Man muß nur lange und oft genug massieren, dann kommt das Gefühl.

31. Januar 91

Ich fühle meine Füße so gut, daß ich jubeln könnte. Es ist so ein großer Unterschied zu früher. Die Zehen fühlen sich warm an. Gestern habe ich mit einer Wärmflasche experimentiert. Es war so wohlig warm, wenn ich auch Unterschiede wahrgenommen habe. Die Hakken sind noch recht unempfindlich, und an ihnen spüre ich auch die Wärme nur schwach. Aber meine Zehen spüren die Wärme sehr gut.

Mein Mund steht nun im Mittelpunkt des Interesses.

Ich brauche starke Manipulationen am Gaumen. Die Belebung durch Massage hält nicht an. Die Lippen sind auch immer noch ganz unempfindlich und lassen sich nur kurzzeitig so beleben, daß ich sie spüre. Ich habe es gern, wenn meine Mutter mir die Mundpartien massiert. Ich will, daß mein Mund so empfindlich wird wie meine Füße. Es muß gehen.

1. Februar 91

Meinen Mund kann ich seit gestern spüren, wenn auch noch etwas schwach und nicht immer in gleicher Intensität. Aber nun kann ich hoffen, daß ich doch noch besser sprechen lerne, wenn auch mit Sicherheit Sprache nie etwas Selbstverständliches für mich werden wird. [...] Was bei gesunden Menschen von allein geht, muß ich pausenlos willentlich herbeiführen, und irgendwann kann ich nicht mehr und raste aus. Es ist doch vielleicht das gleiche Problem bei den visuellen Eindrücken. Immer wieder muß ich bewußt die Störfaktoren beiseite schieben, um mich dem Wesentlichen zuwenden zu können. Ich schaffe es, aber der Preis ist hoch. Ich bin immer überanstrengt und nie locker und entspannt.

Auch meinen ganzen Körper halte ich täglich so mühsam zusammen. Darum kann ich auch nicht ausstehen, wenn jemand, der keine Ahnung hat, meint, mir dies oder das abverlangen können zu müssen.

3. Februar 91

Ich habe eine Zunge, die vielleicht etwas zu groß ist. So kommt mir das manchmal vor. Beweglich ist sie aber. Ich kann auch willentlich beeinflussen, wohin die Zunge soll. Warum bringe ich sie aber nicht unter den Gaumen, wenn mir niemand oder nichts den Gaumen markiert? Es reicht ein leichter Piekser mit dem Zahnstocher, und schon klappt es.

Manchmal habe ich ein Gefühl, als wäre mein Mund ein Hohlraum ohne Begrenzung. Ich weiß, daß ich einen Gaumen habe, aber ich spüre ihn nicht, außer er wird massiert oder in irgendeiner Weise berührt.

7. Februar 91

Es gehen mal wieder meine Nerven spazieren und machen mich verrückt. Ich glaube, daß wir zu ausgiebig die Massage angewandt haben. Ich empfinde heute ein entsetzliches Kribbeln im ganzen Körper. Ich habe darum das Bedürfnis auszuflippen.

8. Februar 91

Ich habe schon immer gern scharfe Gewürze gegessen, zum Entsetzen meiner Mutter. Einen Löffel Tabasco, und ich spüre meinen Mund. Lange Zeit hat mir meine Mutter Oblaten unter den Gaumen gedrückt, die ich mit der Zunge herunterholen mußte. Das hat etwas geholfen, die Zunge unter den Gaumen zu bringen. Noch besser ist es, wenn meine Mutter mir den Gaumen massiert.

Aber auch meine Lippen sind ziemlich unempfindlich. Das weiß ich auch noch nicht so lange. Man merkt das ja alles erst, wenn man mal auf den Gedanken kommt, so einen Körperteil kräftig mit den Fingern zu bearbeiten.

Ich muß noch mehr spüren. Vielleicht könnte ich dann auch deutlicher sprechen. Aber es ist auch eine Frage der Spannung. Ich kann die Mundmuskulatur nur wenig anspannen.

17. Februar 91

Familie H. war da. Sie haben ihre Tochter fremden Menschen anvertraut und müssen nun mit dieser Entscheidung leben. Der Vater hat es dabei noch schwerer als die Mutter, weil er kritischer ist. Er hat seine Tochter sehr lieb, das merkt man. Ich habe Probleme mit solchen Menschen. Spiegeln sie mir doch das Leben meiner Eltern, die ihren Kummer vor mir zu verbergen versuchen. Ich möchte nicht von meinen Eltern fort, weil ich meine, daß sich noch etwas ändern kann, wenn meine Nerven mal noch besser reagieren. Ich übe ja darum auch so überaus eifrig und fange noch nichts Neues an, um mich nicht zu verzetteln. Aber trotz allem finde ich, daß meine Mutter auch mal eine Entlastung verdient hätte.

22. Februar 91

Gerade ist etwas passiert, was meine Eltern sehr erschreckt hat. Ich habe mir einen Zahnstocher, den wir bei der Sprachtherapie benutzt hatten, in den Fuß getreten. Da ich kaum Schmerz empfunden habe, habe ich einfach Socken darüber gezogen und mich auf mein Bett gelegt. Dann rief mich meine Mutter zu sich und sie sah, daß ich humpelte. Mein Vater hat mir dann das Ding aus dem Fuß gezogen. Warum ich mich dabei so angestellt habe, möchte Mama wissen. Ich habe keine Angst vor Schmerzen, aber vor bestimmten Berührungen, die wie Kitzel sind, aber viel schlimmer.

18. Februar 91

Lieber Dietmar,
ich habe Dein Buch mit großem Interesse gelesen. Ich habe gestern abend mit der Lektüre begonnen und sie heute nachmittag beendet. Dein Buch hat mich sehr getroffen. [...] Ich konnte Deine Auflehnung und Deine Verzweiflung, Dein Kämpfen und Ringen gut verstehen. Vielleicht weil ich zum Teil Ähnliches erlebt habe.

Ich war von klein auf ein Stotterer. Im Alter von 12, 13 Jahren begann sich mein Stottern ernsthaft zu verschlechtern, und mit 18, 19 konnte ich manchmal kaum noch sprechen. Die Leute dachten von mir, ich sei blöd, hätte ein Durcheinander im Kopf oder wäre ein Psychopath. Aber ich war kein Spinner. Ich wußte genau, was ich sagen wollte, aber meine Lippen, mein Kiefer und meine Stimme gehorchten mir einfach nicht. Wenn ich sprechen wollte, verzerrte sich mein Gesicht zur Grimasse, die Fingernägel gruben sich in meine Handflächen, der ganze Körper verkrampfte sich. Ich

stampfte mit den Füßen und versuchte mit aller Gewalt, ein paar Worte herauszubringen. Aber kein Ton kam über meine Lippen.
Vorerst war es nur in der Schule so schlimm; wenn ich vorlesen, eine Antwort geben oder ein Referat halten sollte. Dann stand ich da wie gelähmt. Irgendwie schaffte ich aber das Gymnasium und die Matura doch. Aber dann wurde es immer schlimmer. Ich konnte zu niemandem mehr sprechen. Ich war verzweifelt. Wie sollte ich leben können, wenn ich unfähig war zu sagen, was ich brauchte, und wie sollte ich je glücklich sein können, wenn ich meine Gedanken und Gefühle den anderen nicht mitteilen konnte? Ich würde immer vom Leben und der Gesellschaft ausgeschlossen sein! Was hatte das Leben dann noch für einen Sinn? Ich sah und spürte so vieles; aber mich selber verstand ich nicht. Ich verstand diese Macht nicht, der ich ausgeliefert war, die mich vorwärts trieb, mit Sehnsucht, Kraft und Hoffnung füllte, um mich wieder zurückzuwerfen, zu entmutigen und zu lähmen. Was war das, das mich mit solcher Vehemenz zum Sprechen trieb und dann doch das Reden verunmöglichte? Mal kämpfte ich aus schierer Verzweiflung, mal aus Wut und mal aus Hoffnung und mit Zuversicht. Und viele Male ließ ich mich fallen und gab auf.
Als Junge wurde ich ausgelacht, wenn ich stotterte, und als ich älter wurde und schließlich überhaupt nicht mehr sprechen konnte, schauten die Leute peinlich berührt weg. – Du kennst das alles ja wohl bestens! – Nach und nach verkroch ich mich immer mehr. Ich zog mich von den paar Freunden, die ich noch hatte, zurück

und begann, innerlich zu vereinsamen – mit all dem Schmerz und der Verzweiflung, die damit verbunden sind. Und diese Angst, diese schreckliche Angst. Ich ging jedem aus dem Weg, der näher mit mir in Berührung kommen wollte. Ich schämte mich, und ich hatte Angst. Angst vor dem Leben.

Wie konnte ich mit meiner Angst und mit meinem Stottern fertigwerden? Über wie viele Jahre war ich bis zum äußersten meiner Kräfte gegangen, hatte alle Therapien ausprobiert, die es nur gab, alle Bücher über das Stottern gelesen, die ich auftreiben konnte. Mit vierundzwanzig war ich ein Experte in Sachen Stottern, Logopädie und Verhaltenstherapie. Ich durchschaute alle Therapeuten und Psychologen, sah viel weiter und tiefer als sie. Aber es nützte alles nichts. Niemand konnte mir helfen, und ich selber konnte es auch nicht.

Weihnachten 1976 – ich war im Sommer zuvor 25 geworden – hielt ich es schließlich nicht mehr länger aus und brach mein Biologiestudium ab.

Und dann begann eine lange Suche. Nach einigen Jahren gab ich es schließlich auf, mein Stottern und meine Sprechhemmung heilen zu wollen. Ich hörte auf zu kämpfen. Mein Stottern hatte sich zwar stark gebessert, aber ich verstand die dunkle Macht immer noch nicht, die mich daran hinderte zu tun, was ich wollte, zu sprechen, zu lieben und mich am Leben zu freuen, Freunde und eine Freundin zu finden. Dadurch, daß ich meinen Kampf gegen das Stottern und die Sprechhemmung aufgegeben hatte, beruhigte und entkrampfte sich mein Leben etwas. Ich merkte, daß mein Stottern nicht das Wichtigste auf der Welt war und auch nicht

mein wirkliches Problem darstellte. Mittlerweile war etwas anderes für mich wichtig geworden und trieb mich immer weiter voran: die Suche nach dem Sinn des Lebens, und die Frage, ob es ein bleibendes, tiefes Glück, frei von Schmerz und Leid, gebe.
So hatte meine Sprechhemmung doch eine positive Seite gehabt: Sie hatte mich von der äußeren Welt und dem Leben der «Normalen» ausgeschlossen und in die Einsamkeit getrieben. Und in der Einsamkeit hatte ich Zeit, über die tieferen Wahrheiten des Lebens nachzudenken, und ich hatte Zeit, mich selbst, die andern Menschen und das Leben überhaupt zu beobachten und zu hinterfragen. In diesem Alleinsein habe ich dann auch Erfahrungen von außerordentlicher Schönheit und Weite gemacht. Aber da war etwas in mir, das mich nie ganz zur Ruhe kommen ließ: die gleiche Kraft, die mir das Sprechen so schwer machte, trieb mich immer wieder zu den Menschen zurück, machte mich leiden und hieß mich weiter suchen und weiter forschen.
Viele Jahre des Suchens, viele Jahre des Forschens und der Einsamkeit vergingen, bis ich endlich eine Antwort auf meine Fragen fand. Und als ich die Antwort schließlich gefunden hatte, mußte ich lachen, so einfach und so klar war das Ganze! Nichts Spektakuläres war geschehen, kein Blitz, kein Donner und keine Stimme von oben. Ich hatte einfach das Leben verstanden, mein Herz hatte sich geöffnet, alle Angst, alle Hindernisse und alle Mauern waren verschwunden, als hätte es sie nie gegeben – ich war frei. Ich fühlte mich eins mit allem. Meine Sehnsucht, mein Suchen, mein Zweifeln,

mein Unglück und mein Leiden – all das war zu Ende gekommen. Zwölf Jahre nachdem ich mein Studium abgebrochen hatte.
Lieber Dietmar, ich habe das alles über mich erzählt, damit Du mich ein wenig kennenlernst und eine Ahnung hast, was für ein Mensch ich bin und was für ein Leben ich hinter mir habe. Ich habe viel erlebt. Ich kenne alles Böse, Gemeine und Häßliche. Ich habe es in mir selbst gefunden. All das habe ich verstanden und lieben gelernt. Und deshalb braucht sich niemand vor mir zu schämen.
Ich mag den Jungen, den ich in Deinem Buch kennengelernt habe, in den Briefen und den wundervollen Gedichten, wirklich sehr. Ich glaube, ich verstehe ihn gut, diesen Jungen. Ich mag seine Wachheit, seine Intelligenz, seine Empfindlichkeit und Feinfühligkeit. Ich mag seine Offenheit und Direktheit, seinen Eigenwillen, seine Widerstandskraft und sein Durchhaltevermögen, sein Bemühen und sein Suchen. Er gibt nicht auf und gibt nicht klein bei. Er will die Wahrheit wissen...
Wenn Du Lust hast mir zu schreiben, so würde mich das natürlich sehr freuen. Aber mach ganz, wie Du willst!

M.

23. Februar 91

Lieber M.,
Dein Brief kam heute wie ein Geschenk des Himmels. Ich war mal wieder ganz schön down, weil ich immer

neue Macken an mir feststelle, und zwar Macken, die nicht so viel mit Angst zu tun haben, sondern ganz einfach damit, daß meine Nerven nicht die Reize leiten, wie sie müßten. Wie hat meine Mutter gestern bei der Sprachtherapeutin so treffend gesagt: «Er kann denken, aber nicht handeln. Er hat Sprache, aber er kann nicht sprechen.» Das ist es, und darum stimmt das, was ich früher einmal über meinen Willen geschrieben habe. Meine Nerven geben die Befehle, die das Gehirn aussendet, nicht immer richtig weiter. Und auf der anderen Seite nehmen die Rezeptoren gar nicht alle Reize auf und leiten sie weiter zum Gehirn. Ich spüre erst neuerdings, nachdem meine Finger und Füße täglich bearbeitet werden, verschiedene Druck- und Wärmereize. Und nun mußte ich feststellen, daß auch mein Gaumen und Gaumensegel kaum Reize registrieren. Wie soll ich da deutlich sprechen können? Warum weiß das alles kein Arzt, kein Therapeut, so daß man 20 Jahre alt werden muß, bevor man an diesen Macken gezielt arbeiten kann. Ich merke ja, daß es hilft. Aber es dauert so lange. Und mir reicht es langsam. Kannst Du nun sprechen, ohne zu stottern? Und wie lebst Du? Ich habe sehr wohl Lust, mit Dir zu korrespondieren. Ich habe durch mein Buch einige Brieffreundschaften gefunden. Das macht mir Spaß. [...]
Auf jeden Fall habe ich mich über Deinen Brief gefreut und danke Dir.
Woher hast Du meine Adresse?

Viele herzliche Grüße von Dietmar

4. März 91

Was ist mit meinem Nervensystem?
Nachdem ich gestern noch einmal die entsprechenden Biologiekapitel rekapituliert habe, stellt es sich mir folgendermaßen dar: Mein Kleinhirn, das die Programme für motorische Bewegungsabläufe speichern sollte, um sie bei Bedarf an die motorischen Felder der Hirnrinde zu liefern, scheint nicht immer richtig zu funktionieren. Das hat zur Folge, daß alle Handlungen mühsam sind, weil sie nicht automatisch ablaufen. Das gilt wohl auch für das Sprechen. Ich habe noch von niemandem gehört, daß er so wie ich bei jedem Laut, den er bildet, nachdenken muß. Aber es scheint nicht immer und in allen Bereichen so zu sein, daß nichts automatisch läuft. Daß mein Kleinhirn nicht richtig funktioniert, dafür sind auch die Gleichgewichtsprobleme ein Hinweis.

Zum anderen sehe ich entscheidende Defizite in meinem peripheren Nervensystem. Da sind einmal die sensorischen oder differenten Nervenbahnen, die Berührungsreize über das Rückenmark zum Gehirn transportieren sollen. Bei mir sieht das so aus, daß schwache Reize offenbar gar nicht weitergeleitet werden. Ich kann sie gar nicht spüren, d. h. die sensorischen Felder im Großhirn registrieren sie nicht. Ich kann aber sehen, wenn meine Haut außerordentlich gereizt wird. Ich weiß also, daß da ein Reiz ist, der nicht ankommt. Inzwischen habe ich aber eine wichtige Erfahrung gemacht. Wenn eine Körperstelle nur lange und intensiv genug stimuliert wird, dann werden die Reize zum Gehirn geleitet, und ich spüre etwas. Wenn aber die Pause bis zur nächsten stimulierenden Berührung lang ist, geht es wieder von vorn los. Aber ich habe den Eindruck, daß sich langsam etwas dauerhaft verbessert. Ich weiß nicht, was die Mediziner dazu sagen. Aber ich habe den Eindruck, daß meine schwachen Nervenbahnen noch aktiviert werden können.

Ein größeres Problem scheinen mir in meinem Fall die motorischen oder efferenten Nervenbahnen darzustellen. Es ist ja mein großes Problem, daß ich im Handeln sehr eingeschränkt bin und daß alles, was ich tue, mühsam ist. Vieles kann ich nur mit Hilfestellung durch meine Mutter.

Was ich will, tue ich oft nicht. So eine Äußerung habe ich schon häufiger gemacht. Aber ich verstehe sie erst seit kurzer Zeit. Ich stelle es mir folgendermaßen vor. Mein Großhirn gibt den Auftrag für eine Handlung an Nervenzellen weiter, die wiederum die Meldung über efferente Nervenbahnen weiterleiten in die entsprechenden Muskeln. In den Muskeln kommt aber offensichtlich die Meldung nicht immer vollständig an. Möglich ist aber auch, daß die Umsetzung von elektrischen Impulsen in biochemische Vorgänge in den Synapsen nicht richtig gelingt.

8. März 91

Aber was soll ich machen, damit ich selbständiger werde? Ich denke immer wieder darüber nach, weil ich meine Unselbständigkeit als Makel empfinde. Ich glaube, daß es wirklich zu schwierig für mich ist, mich allein auf die Straße zu wagen. Ich remple manchmal

Leute an, weil ich den Abstand falsch einschätze. Ich könnte aber den Abstand genau einschätzen, wenn sich keiner bewegte. Was aber soll ich dagegen tun? Das kann man wohl nicht üben. Mir ist das auch erst klargeworden, nachdem ich noch einmal über diese Probleme nachgedacht habe. So bekomme ich tatsächlich immer mehr Klarheit über das, was möglich ist, und das, was ich nie lernen kann.

Warum ich wieder zum Zankapfel wurde

17. März 91

Ich weiß gar nicht, warum ich nun schon wieder zum Zankapfel werde. Keine Stelle will für mich zahlen. Alle Stellen sind froh, wenn sie einen solchen schwierigen Fall loswerden. Ich hätte ja gar nichts dagegen, wenn ich mich selbst versichern müßte. Aber es müßte erst einmal eine Krankenkasse geben, die mich nimmt. Was soll das alles? Ich kann mir gar nicht vorstellen, daß die Behörden da keinen Spielraum haben. Das müßte doch jedem Sachbearbeiter komisch vorkommen, wenn er einem Behinderten bescheinigt, er könne sich selbst unterhalten, und gleichzeitig doch wissen müßte, was die Entscheidung, kein Kindergeld zu zahlen, für weitreichende Folgen hat, nämlich keinen Ortszuschlag mehr, keine Beihilfe mehr und keine Krankenversicherung*, was ja wohl das Schlimmste ist.

* Wie später klargestellt wurde, wäre ich in der privaten Krankenversicherung mit nur 20 Prozent weiterversichert worden. Eine Höherversicherung wurde kategorisch abgelehnt.

Ich finde es ungerecht, daß man alle diese Entscheidungen rückwirkend trifft, denn es konnte doch wirklich niemand wissen, wieviel ich mit meinem Buch verdienen würde. Nun stehen wir da wie Betrüger, und dabei habe ich doch mein Einkommen ehrlich angemeldet und bin ja auch bereit, dafür Steuern zu zahlen.

18. März 91

Ich bin so deprimiert, daß ich fürchte, daß die Depressionen wiederkommen. Was soll nun werden? Soll ich etwa nicht mehr schreiben? Wie stehe ich als Behinderter da? Soll ich nun auch vom Sozialamt abhängig werden? Das will ich nicht. Wenn mir doch jemand Arbeit vermitteln könnte, z. B. Übersetzungen aus dem Englischen. Das macht mir Spaß, und ich kann das wohl auch schon ganz ordentlich. Ich will keine Almosen. Wenn unser Staat so ein Unrecht zuläßt, wie mir geschehen ist, dann verdient er den Namen Sozialstaat nicht. Wenn man sich bemüht, finanzielle Unabhängigkeit zu erlangen, dann ist man plötzlich vogelfrei, und keiner ist mehr zuständig. Bedauern ja, aber keine konkrete Unterstützung. Alles Lug und Trug.

Ich beginne, Haß zu empfinden. Und ich hätte nicht übel Lust, um Aufnahme in ein Heim nachzusuchen. Denn dann müßte ja der Staat den Löwenanteil der Kosten tragen. So scheint das ja wohl in der Regel zu laufen. Unsere Bekannten, deren Tochter in ein Heim kam, zahlen monatlich ca. 500 DM, und die müßten zusammen etwa so viel verdienen wie meine Eltern.

Und ich darf nicht ausnahmsweise 1300 DM im Monat verdienen (brutto wohlgemerkt), obwohl ich zu Hause lebe und meine Mutter mich versorgt und auch noch die Therapien mit mir macht, für die niemand zahlen will. Ich werde ja nicht regelmäßig Einkünfte von meinem Buch haben.

19. März 91

Liebe Frau Orff,
es war schön, heute Post zu bekommen. Ich bin ja doch ganz schön down und muß sehr an mich halten, um nicht etwas Dummes zu tun. Ich werde nicht damit fertig, daß es in unserem Sozialstaat möglich ist, einem Behinderten soviel Ungerechtigkeit zuzumuten. Ich bin nun überhaupt nicht mehr versichert, und keine Krankenkasse will mich aufnehmen. Wenn etwas passiert, stehen meine Eltern als Bestrafte da. Ich habe ja mein verdientes Geld auf Heller und Pfennig anlegen lassen – für meine Alterssicherung. Ich kann also gar keine Arztrechnungen bezahlen. Ich werde nicht mit der Tatsache fertig, daß meine Mutter seit 21 Jahren alles für mich tut und nichts dafür bekommt. Andere Leute bekommen nach der neuen Gesetzgebung ja mindestens eine Pflegepauschale von 400 DM monatlich. Wir bekommen nichts, weil ich nicht versichert bin.
Ich finde das so ungerecht. Ich habe ja das Buch nur schreiben können, weil ich bei meiner Mutter gelernt habe, zu denken, zu schreiben, Gefühle auszusprechen und vieles mehr. Wäre ich dumm geblieben, oder hätten mich meine Eltern in einem Heim abgegeben,

würde der Staat viel Geld für mich bezahlen müssen. Ich begreife das alles nicht. Wäre es am Ende doch besser gewesen, mich nicht so zu hegen und zu pflegen wie ein Kleinod? Nun bin ich anspruchsvoll und möchte meine Rechte haben. Almosen will ich nicht. Zum Sozialamt bekommt mich niemand. [...]

Viele liebe Grüße Dietmar

7. April 91

Liebe Frau W.,
Sie haben mich aber gut bedacht. Ein Brief und zwei Buchsendungen sind angekommen. Ich bedanke mich herzlich dafür. Gelesen habe ich aber die Bücher noch nicht. Wir waren nämlich über Ostern verreist. Wir sind vor den Schwierigkeiten in die Schweiz geflohen, haben im Berner Oberland schöne Wanderungen gemacht und sind dann weitergefahren ins Tessin und dann zum Comer See. Es war eine nette Abwechslung für uns alle. Vorher waren wir bei einer Rechtsanwältin und haben ihr die ganze Angelegenheit übergeben. Ich hatte einen guten Eindruck von der Frau. Sachlich und interessiert kam sie mir vor. Ich war ganz überrascht, als sie beim Abschied sagte, sie wolle nun mein Buch kaufen und lesen. Jetzt warten wir erst einmal ab, was sie erreicht. Ich nehme die Angelegenheit schon gelassener hin als vor Ostern. [...]
Nun muß ich schließen, weil gleich meine Geschwister zum Essen kommen.
Viele Grüße und noch einmal herzlichen Dank!

Dietmar

18. April 91

Lieber M.,
Du hast etwas ganz und gar mißverstanden. Mich setzt niemand unter Druck, nicht einmal ich selbst. Aber ich habe irgendwann gemerkt, daß ich wieder üben will, was vier Jahre lang, nämlich während der Psychotherapie, brachlag. Es war meine Entscheidung, vielleicht die erste Entscheidung meines Lebens, bei der ich mich nicht habe beeinflussen lassen. Meiner Mutter hat diese Entscheidung nur Mühe bereitet. Sie war zuerst gar nicht besonders begeistert. Sie hatte wohl schon aufgegeben und gehofft, ich würde mich mit meiner Sprachlosigkeit abfinden.
Es macht sogar Spaß, was wir üben. Im Augenblick wird mein Mund vor allen Dingen stimuliert. Die Logopädin hat uns einen Vibrator ausgeliehen, mit dem man sogar die Zunge bearbeiten kann. Das empfinde ich als ausgesprochen angenehm.
Mein Problem ist ja, daß ich mit der Haut zu wenig wahrnehme und darum auch beim Sprechen zu wenig Rückmeldung bekomme.
Du möchtest mich unbedingt besuchen. Im Augenblick paßt das nicht gut. Es ginge auch nur in den Schulferien, weil bei uns während der Schulzeit viel Streß ist. Meine Mutter ist ja Lehrerin am Gymnasium.
Ich wünsche Dir einen schönen Sommer am Thuner See. Es ist schön bei Euch in der Schweiz.

Herzliche Grüße Dietmar

23. April 91

Heute kam jemand vom Arbeitsamt, um zu klären, ob ich vielleicht doch noch als Kind im Sinne des Kindergeldgesetzes zu gelten habe. Dann stellte sich aber heraus, daß der gute Mann gar nicht richtig informiert war und meine Mutter wieder alles ausbreiten mußte, was längst jener Behörde mitgeteilt wurde. So verbringt man kostbare Zeit für nutzlose Bürokratie. Da wollen diese Leute wissen, wieviel Geld meine Eltern für mich für Wohnung, Heizung, Essen, Kleider ausgeben. Als ob man das genau auseinanderdividieren könnte.

24. April 91

Was mir so durch den Kopf geht, darf ich eigentlich gar nicht zu Papier bringen. Sonst werde ich am Ende noch wegen Beleidigung verklagt. Aber meine Rachegefühle gegenüber Behörden sind kaum unter Kontrolle zu halten, obgleich ich weiß, daß in den Behörden auch nur Menschen sitzen, die ihre Pflicht tun. Man müßte wohl den ganzen bürokratischen Aufwand reduzieren und die Gesetze vereinfachen. Statt dieser sturen Paragraphenreiterei sollte man Menschen anstellen, die die Sache mit gesundem Menschenverstand angehen.

30. April 91

Nun wissen wir es genau. Das Sozialamt zahlt keine Krankenhilfe für mich. Arzt- und Therapiekosten gehen voll auf meine Rechnung. Dummheit muß ja schließlich bestraft werden. Ich dachte, eine gute Idee zu haben, als ich beschloß, mein selbstverdientes Geld in einer Kapitallebensversicherung für meine Mutter anzulegen. Eine Lebensversicherung für mich bekomme ich wegen meiner Behinderung nicht. Nun, mir war es auch recht, die Versicherung für meine Mutter abzuschließen, denn es muß ja abgesichert sein, daß nach dem Tode meiner Mutter jemand für mich sorgt. Umsonst macht das später niemand. Also müßte doch jeder vernünftig denkende Mensch zugeben, daß ich eine weise Entscheidung getroffen habe. Aber nein. Meine Eltern hätten mein Geld für meinen Lebensunterhalt verbrauchen müssen. Also noch einmal: Dummheit muß bestraft werden.

Ich aber weiß in Zukunft, was ich zu tun habe.

8. Mai 91

Seit ca. drei Wochen benutze ich einen Vibrationsmassageapparat, den die Logopädin an mir ausprobierte. Dieses Gerät hilft mir sehr, um meinen Mund zu stimulieren. Ich benütze das Gerät aber auch für die Hände und Füße.

Was ich bei der Benutzung des Apparates erfahre, läßt sich kaum in Worte fassen. Ich halte es sogar aus, meine Zunge zu massieren. Ich spüre sie dann sehr gut, habe das Gefühl, daß ich anschließend besser sprechen kann.

10. Mai 91

Ich freue mich täglich neu über die Entdeckung des Massagegerätes. So etwas hätten wir früher kennen sollen. Vielleicht wäre mein Leben dann anders verlaufen. Ich vermute, daß das gestörte Körperempfinden für viele meiner Schwächen verantwortlich ist. Wenn ich durch die Massage meinen Körper besser spüre, fühle ich mich wie ein anderer Mensch und ahne, was es heißt, ganz und heil zu sein.

Die Ganzheit eines Menschen hängt von seiner seelischen und leiblichen Befindlichkeit ab. Das darf man nicht getrennt sehen. Die Analytiker sollten das bedenken und den Körper mehr in die Therapie mit einbeziehen.

15. Mai 91

Gestern kam die erlösende Nachricht, daß die Entscheidung des Arbeitsamtes, ab 1989 kein Kindergeld für mich zu zahlen bzw. das bereits gezahlte Geld zurückzufordern, aufgehoben wurde, weil man nun doch gemerkt hat, daß ich mich gar nicht selbst unterhalten kann. Damit bin ich dann auch wieder beihilfeberechtigt.

Mein Neffe Julian

25. Mai 91

Julian, Sohn von Maren und Gernot, ist geboren. Es war eine lange, schwierige Geburt. Zwei Tage lang haben wir auf den erlösenden Anruf gehofft. Am Ende konnte ich nur noch beten. Ich hatte so Angst, es könnte bei dem langen Geburtsvorgang Sauerstoffmangel eintreten, und was das bedeutet, weiß ich sehr genau.

Meine Mutter habe ich mit meiner Angst sehr belastet, so daß sie wohl auch schon darüber nachgedacht hat, was auf unsere Familie zukommen könnte, wenn das Kind behindert wäre. Meine Mutter und ich wüßten allerdings sehr genau, was man tun müßte. Ich habe das Gefühl, daß man bei jedem Kind, das mit einer Behinderung geboren wird, sehr viel tun kann, um die Behinderung zu mildern.

Aber Julian scheint gesund zu sein, und darüber freue ich mich und danke Gott für seine Hilfe.

Heute werde ich Julian sehen, mein Patenkind – so haben Maren und Gernot es mir versprochen.

26. Mai 91

Julian Dominik soll das Kind heißen, erfuhren wir inzwischen von meinem Bruder, mit dem wir chinesisch essen waren.

Anschließend fuhren wir ins Krankenhaus, um das «Wunderkind» zu bestaunen. Ich bin nun beruhigt. Julian Dominik hat zwar Blessuren im Gesicht, wo die Zange angesetzt wurde, aber er sieht gesund und kräftig aus.

Ein gesundes Kind, ganz offensichtlich. Warum hatte ich solche Angst? Je mehr ich darüber nachgedacht habe, fand ich doch, daß mein eigenes Leben bis jetzt so voll von Mühen und Nöten war, daß ich das alles niemandem wünschen möchte mitzumachen. Und schon gar nicht möchte ich jungen Eltern das wünschen, was meine Eltern durchlebt und durchlitten haben.

Maren und Gernot werden gute Eltern sein und gewiß immer ein Herz für behinderte Menschen haben.

Julian Dominik

Du erblicktest
diese dunkle Welt
an einem Abend im Mai.
Deine Eltern
nahmen dich
aus Gottes Hand,
nachdem Angst, Warten,
Kampf und Schmerzen
ausgestanden waren.

Du zuckst noch zusammen,
wenn Licht
deine Augen beleidigt.
Du bist da,
Julian Dominik.
Staunend und hilflos
stehen wir
vor dem Kunstwerk
des Schöpfers.

Mai 91

31. August 91

Ich habe mich ja so sehr auf meinen Neffen gefreut und wollte unbedingt Pate werden. Zu meiner großen Überraschung verkrafte ich aber Julians Gegenwart schlechter, als ich erwartet hatte. Ich finde ihn so süß und goldig, kann aber nur selten angemessen darauf reagieren. Meine Gefühle spielen mir einen Streich, und ich fliehe in mein Zimmer.

Es ist mir peinlich, und ich finde mich kleinlich, daß ich auf dieses Kind eifersüchtig bin. Wie schön hat er es. Es geht ihm rundherum gut. Prächtig gedeiht er und lernt schon jetzt sehr viel, alles ohne Mühe. Seine Eltern sind so glücklich wie nie zuvor. Ich aber habe seit meinem dritten Lebensmonat nur Sorgen bereitet. In meinem Leben war alles Mühe, und so ist es geblieben.

Was ich kann, kann ich nur, wenn ich alle Kraft zusammennehme. Und das macht müde und faul. Jedesmal, wenn Julian kommt, werde ich an meine verpatzte Kindheit erinnert, und ich frage mich: Warum ist das gerade mir passiert?

Ich werde mich aber bemühen, solche Gefühle unter Kontrolle zu halten. Julian kann schließlich nichts dazu, daß er gesund ist, während ich nach wie vor mit meiner Behinderung fertigwerden muß.

Italienreise im August 1991

Als wir Rom erreicht hatten und auch einen schönen Platz zum Kampieren auf dem Campingplatz Seven Hills eingenommen hatten, schien es mir, als müßten wir an dieser Stelle lange bleiben, um auszuruhen. Meine Eltern wirkten auf mich so abgeschlafft und abgrundtief müde, daß ich mir ernsthaft Gedanken machte, ob solche Urlaubsreisen nicht langsam für Menschen mit einem Enkelkind zu strapaziös sind und eigentlich unangemessen. Oma und Opa auf dem Campingplatz. Ich hatte so meine Empfindungen, und ich machte mir klar, daß für mich die Zeit der großen Reisen dann aufhören würde, wenn meine Eltern nicht mehr mitmachen könnten. Das machte mich sehr traurig, aber auch dankbar. Ich habe schon so viel gesehen und erlebt, daß ich davon zehren kann, wenn es niemanden mehr gibt, der mit mir auf Reisen geht.

Rom ist zweifellos eine Reise wert. Aber die große Hitze läßt die kulturellen Interessen zu einem Miniprogramm zusammenschrumpfen. Am Kolosseum verweilten wir selbstverständlich, und den Petersdom haben wir auch angeschaut. Aber insgesamt haben wir mehr Sehenswürdigkeiten ausgelassen als besichtigt.

Mir sind immer die kleinen Begebenheiten am Rande des Geschehens wichtig und eindrucksvoll. Da spricht uns z. B. ein Sudanese an, während wir in der Nähe des Kolosseums am Straßenrand im Gras hocken. Ein junger Mann mit traurigen Augen, der ganz verwundert ist, daß mein Vater über die Verhältnisse im Sudan informiert ist. Das interessiert doch sonst keinen in

Europa. Er weint schließlich, während er davon erzählt, daß er Katholik sei. Aber der Papst hat auch kein Interesse an den Christen im Sudan. Als unser Gesprächspartner sich verabschiedet, sagte er «danke». Ihm hört wohl selten jemand zu. Ein Afrikaner in Rom. Wir sahen dort viele Afrikaner, aber dieser eine bekam ein Gesicht und trat aus der Anonymität heraus.

Am Sonntag stiegen wir in eine Katakombe hinab und ließen uns von einem deutschsprechenden Südtiroler über die Bestattungen in der Urchristenzeit aufklären. Es war angenehm kühl unter der Erde. Daß die verfolgten Christen sich hier zu Gottesdiensten versammelt haben sollen, wie man noch in manchen Religionsbüchern lesen kann, stimmt nicht. Die Katakomben waren öffentlich. Man hätte die Christen schnell finden können. In den Katakomben wurden nur die Toten bestattet. Wie hätte man sich dort auch lange aufhalten können – bei dem Verwesungsgeruch!

Von Rom brachen wir nach zwei Tagen nach Neapel auf. Das junge Paar auf dem Campingplatz neben uns war schon dort gewesen und hatte einschlägige Erfahrungen mit den gefürchteten Banditen gemacht. Solche Erfahrungen machten wir nicht. Das will ich vorwegnehmen.

Die Fahrt sollte an der Küste entlanggehen, und das wurde schlimm. Schrittempo, wildes Parken auf beiden Seiten der Straße. Dazwischen immer wieder Motorräder, die mal rechts, mal links überholen. Manchmal gab es am Straßenrand sogar einen hilflosen Polizisten, der sich unbeteiligt das Spektakel anschaute. Noch qualvoller wurde die Fahrt auf der malerischen

Panoramastraße nach Amalfi. Ein Bus kam entgegen, und es ging weder vorwärts noch rückwärts weiter. Wir hatten die Nase voll. Als sich später eine Gelegenheit bot, fuhren wir Richtung Autobahn und kamen dann wesentlich schneller vorwärts.

Wir entschlossen uns, in Pompeji auf den Campingplatz zu gehen. Gleich neben dem Campingplatz befand sich ein Eingang zu den Ausgrabungsstätten des alten Pompeji, das 79 nach Chr. bei dem berühmten Vesuvausbruch verschüttet wurde. Wir spazierten also abends durch das ausgegrabene Pompeji. Solche Spaziergänge liebe ich sehr. In meiner Phantasie wird alles belebt, und ich stelle mir vor, wie die Menschen damals gelebt haben. Auf jeden Fall standen die Häuser so nahe beieinander, daß eine rege Kommunikation zwischen den Nachbarn geherrscht haben dürfte. Die meisten Häuser dürften wohl sehr einfach gewesen sein. Es gibt nur wenige herrschaftliche Häuser, in denen die Reichen gewohnt haben. Aber als die Lava den Ort überschwemmte und der Aschenregen herunterkam, waren alle gleich, denn das Unglück geht nicht an der reichen Leute Häuser vorüber. Nie. Damals nicht und heute nicht.

Die Bahn von Pompeji nach Neapel führt durch häßliche, schmutzige Orte, die man als Vororte Neapels ansehen kann. Die Luft ist dunstig. Man sieht nicht weit. Wir waren gerade in Neapel angekommen und standen noch unschlüssig auf dem Bahnhofsplatz herum, da kam ein Mann auf meine Mutter zu. Instinktiv umklammerte sie ihren Beutel und wich erschreckt zurück. Peinlich. Der Mann wollte uns nur helfen, weil er Deutsch sprach. Er war ein Pizzabäcker. Aber so wirken die Schauergeschichten über Neapel. Man vermutet hinter jedem Menschen einen Dieb und Banditen. Dabei bekam ich den Eindruck, daß die Bürger von Neapel ganz normal leben, zum Teil allerdings in großer Armut. Manche Straßen erinnern an Straßen im Orient. Auch der Markt ist so bunt und chaotisch, wie man es von den Märkten im Orient kennt. Aber schön ist Neapel nicht. Schön sieht Neapel nur in den Prospekten und auf Postkarten aus.

Paestum. Der Oleander blühte prächtig in verschiedenen Farben, und der Himmel war blau wie auf den Postkarten. Ein griechischer Tempel, dessen Säulen fest verankert die Jahrhunderte überdauert haben. In einiger Entfernung davon die Überreste eines römischen Tempels. Wir hielten uns an diesem Ort gern etwas länger auf und philosophierten über die Baukunst der Alten. Wie viele Menschenopfer solche Bauwerke gekostet haben, das steht in keinem Reiseführer.

Wir aber brachen auf in eine Gegend, die als Armenhaus Italiens gilt. Basilikata ist ein Landstrich, in dem wenig wächst. Manchmal könnte man annehmen, man fahre durch eine Wüste. Und so ist es auch gar nicht verwunderlich, daß Pasolini in dieser Gegend seinen berühmten Film über das Matthäusevangelium drehen konnte.

Noch durch einen anderen Film wurde dieses Gebiet berühmt. «Christus kam nur bis Eboli» hatte Carlo Levi sein Buch genannt, nach dem der Film gedreht wurde. Levi schrieb das Buch, nachdem er von den Faschisten in den kleinen Ort Aliano verbannt worden war.

Wir haben lange gesucht, bis wir Aliano auf der Karte fanden. Wir sind dann eines Tages vom Campingplatz in Metaponto (Pythagoras soll in Metaponto gelebt haben) aufgebrochen, um Aliano zu suchen.

Zwei junge Frauen saßen vor dem Gebäude, das man zum Museum umfunktioniert hat. Liebevoll wurde hier alles ausgestellt, was an Levi erinnert: Bilder, die er malte, Fotos und Briefe. Wir besichtigten dann auch noch das Haus, in dem Levi während seiner Verbannung lebte und in dem er zu Lebzeiten begonnen hatte, ein kleines Museum einzurichten. Dieses Museum wirkt so, als hätte es jemand mit großer Liebe und viel Sinn für das bäuerliche Leben eingerichtet. Levi, der Arzt, Schriftsteller und Maler war, wurde auf seinen Wunsch in Aliano bestattet. Das hatte er den Menschen dort versprochen, die ihn sehr verehrten, weil er sie verstand und half, wann immer es nötig war.

Die zwei Frauen vor dem Museum müssen oft lange vergeblich warten, bevor Fremde kommen, um das Museum zu besuchen. Man spürte die große Freude, daß wir uns als Deutsche für ihr Aliano interessierten, einen kleinen Ort, in den wohl niemand käme, wäre er nicht durch Levis Buch und Schicksal bekannt geworden.

Unser Campingplatz in Metaponto stand nicht im ADAC-Campingführer und war trotzdem gemütlicher als der Platz nebenan mit der guten Bewertung vom ADAC. Wir blieben vier Tage. Abends, wenn die

Italiener vom Strand kamen, dann gingen wir in die Bucht und hatten den Strand meist für uns allein. Die Bucht von Tarent ist schön. Der Sand ist feinkörnig, und man kann weite Spaziergänge machen. Im Dunkeln kamen wir dann zum Campingplatz zurück, auf dem nun ein lustiges Treiben bis nach Mitternacht begann. Die Disco begann immer erst um 22 Uhr. Eines Abends ging es besonders lustig zu. Man hatte sich Kostüme aus Gräsern und Blumen gebastelt und stellte sie tanzend zur Schau. Ich fand das bezaubernd, zumal die Leute so graziös tanzten.

Daß die Duschen auf diesem Campingplatz nicht richtig funktionierten, hat uns gar nicht so sehr gestört wie auf anderen Plätzen. Es war eben gemütlich.

Damit habe ich nun bereits ein Thema angeschnitten, über das sich viel erzählen ließe: Toiletten und Duschen auf Süditaliens Campingplätzen. Aber der Respekt vor den Gastgebern verbietet es wohl, ins Detail zu gehen. Aber witzig ist es doch, wenn man eingeseift unter einer Dusche steht, und es fließt kein Tropfen Wasser mehr.

Monopoli wurde unser nächstes Ziel, weil wir uns in dieser Gegend die merkwürdigen Trullihäuser ansehen wollten. Abends konnten wir wieder einen schönen Spaziergang am Meer machen. Hier war es aber kein Sandstrand, sondern eine felsige Küste. Die Trullihäuser – manchmal handelt es sich um ganze Gehöfte – hatten wir schon auf der Herfahrt bewundert. Die Dächer sehen aus wie Mützen, sind rund und gehen spitz zu. Oft sind sie weiß angestrichen. Diese seltsamen

Häuser stehen unter Denkmalschutz. Teilweise werden sie sogar als Ferienhäuser vermietet. In Alberobello kann man ein ganzes Trullidorf besichtigen. In den Häuschen werden mancherlei Produkte verkauft. Es wohnt wohl sonst niemand mehr hier.

Friedrich II., der Enkel des Hohenstaufen Barbarossa, hat in Süditalien mannigfache Zeugnisse seiner Macht und Vorlieben hinterlassen. Von den verschiedenen Stauferburgen haben wir nur das Kastell in Melfi nicht ausgelassen. Der Abstecher in das Gebiet des erloschenen Vulkans Vulture wurde geplant, wieder verworfen und am Ende doch noch unternommen, nachdem die Dame in der Rezeption des Campingplatzes bei Manfredonia versichert hatte, daß es dort einen kleinen Campingplatz an einem Kratersee gebe. Leider gibt es ja in Süditalien fast ausschließlich Campingplätze an der Küste. Man muß darum auf manchen Ausflug verzichten. Der Campingplatz am Kratersee war allerdings sehr einfach und stand darum wohl auch in keinem Campingführer. Aber der Platz war idyllisch und ruhig. Es gab keine Disco und keine Animateure. Der Platzwächter war eine etwas skurrile Figur und hatte, als wir kamen, schon gehörig dem Alkohol zugesprochen. Daß Deutsche hierherkamen, freute ihn besonders. Abends besuchte er uns in unserer Ecke und versuchte eine Konversation in einem Sprachengemisch und mit vielen Gesten. Er brachte es sogar fertig, meinem Vater zu vermitteln, so ein Problemsohn wie ich sei ein Schicksalsschlag von Gott. Ich nahm es ihm nicht übel. Vielleicht hat er ja recht. Melfi, wohin wir uns abends begaben, ist eine urige Stadt mit engen

Straßen, in denen man sich mit einem Campingbus festfahren kann. Die Burg muß uneinnehmbar gewesen sein und wirkt wie eine Trutzburg. Friedrich II. soll sich in Melfi besonders gern aufgehalten haben. Warum wohl? Fühlte er sich dort wohler als anderswo, weil es weniger heiß war?

Rückblick

Eine Italienreise im August ist wegen der großen Hitze ein recht anstrengendes Unternehmen. Und man hat immer das Gefühl, etwas zu versäumen. Wir wollten ja noch viel mehr sehen. Aber vielleicht war die uns vom Klima aufgezwungene Beschränkung notwendig, um einiges genießen und überdenken zu können. Mir war es so recht. Ich fand auch die Gammeltage auf den Campingplätzen anregend und habe mit großem Interesse beobachtet, wie Italiener Urlaub machen. Sie reisen meist als Großfamilie und bleiben während der ganzen Ferien auf einem Platz. Abends essen sie recht spät gemeinsam und sitzen dann noch lange gemütlich beieinander. Manchmal spielen sie auch etwas. Die Kinder gehören selbstverständlich dazu und werden nicht etwa früher ins Bett geschickt. Für uns hießen alle Babys auf dem Campingplatz Julian – wie mein kleiner Neffe.

Und wir haben auf der Rückfahrt schon einen Campingplatz in Südtirol ausgesucht, wohin wir als Großfamilie mit Klein-Julian in den Pfingstferien fahren wollen. Maren und Gernot fanden die Idee prima.

Zwei Fabeln

Die lahme Heuschrecke saß mitten auf dem Waldweg, als ihre Nachbarin im sportlichen Jogginganzug näherkam.

«Mach Platz, ich trainiere», rief die Dame, die nicht mehr zu den jüngsten zählte, und warf der lahmen Heuschrecke einen einschüchternden Blick zu. Als die lahme Heuschrecke keine Anstalten machte auszuweichen, verlangsamte die Nachbarin das Tempo und sagte: «Mußt du denn immer im Wege sein, wenn andere weiterkommen wollen?»

Die lahme Heuschrecke richtete sich stolz auf und sagte: «Ich bin dir im Wege, aber trotzdem gebe ich meinen Platz nicht auf.»

Verwundert setzte die Nachbarin ihr Training fort.

Die lahme Heuschrecke freute sich einmal wieder ihres Lebens und sang mit krächzender Stimme ein Lied. Da trat die Nachbarin ans geöffnete Fenster, nestelte unsicher an ihrer Bluse und sagte schließlich: «Hat denn die Therapie nichts gebracht?»

Die lahme Heuschrecke schaute verwundert in das aufgetakelte Gesicht der alternden Nachbarin und flüsterte mehr, als daß sie sprach: «Mir geht es gut, und im übrigen gebe ich nicht auf.» Sprach's und schloß mit festem Griff das Fenster. Die Nachbarin stand ratlos da und schlich verschämt davon.

Rückblick und Ausblick
Ein Nachwort der Mutter

Wenn ich in Wuppertal mit meinen Kindern auf den Spielplatz kam, hatte ich Angst, jemand könne in den Kinderwagen schauen, in dem Dietmar, damals ein halbes Jahr alt, lag. Dietmar sah aus wie ein Hungerkind. Sein Gesicht mit den großen Augen wirkte greisenhaft. Seine Gliedmaßen waren dünn und kraftlos. «Man sieht ihm an, was er durchgemacht hat», hatte eine alte Missionsschwester mitleidig gesagt.

Wir waren mit unseren drei Kindern Hals über Kopf aus Indonesien, wo wir einige Jahre lang gelebt und gearbeitet hatten, nach Deutschland gekommen – in einen vorgezogenen Heimaturlaub, so nahmen wir an. Erst allmählich begriffen wir, daß Dietmar unwiderruflich behindert sein würde und daß damit unsere Indonesienträume ausgeträumt waren. Fremde Menschen begriffen das viel schneller als wir.

Was war geschehen? Dietmar wurde im Dezember 1969 geboren. Zweieinhalb Monate später bekam er undefinierbares Fieber, das nicht in den Griff zu bekommen war. Nach bangen Wochen dann die Diagnose: Malaria tropica. Die nun einsetzende Resochinbehandlung schien erfolgreich zu sein. Dietmar war viereinhalb Monate alt, als er erneut Fieber bekam. Der

Arzt im Plantagenkrankenhaus spritzte wieder Resochin. Ich trug Dietmar noch in den Armen, als plötzlich der kleine Körper zu zucken begann und Atemnot einsetzte. Sauerstoff, Wiederbelebung – drei Stunden lang dauerten die Bemühungen um Dietmars Leben. Es hatte einen Atem-Kreislauf-Stillstand gegeben. Mir war damals nicht bekannt, was das für Folgen haben würde – glücklicherweise nicht. Später stellte sich heraus, daß der Arzt eine Erwachsenendosis Resochin gespritzt hatte.

Besorgte Mienen bei den Verwandten, besorgte Mienen bei den Ärzten, nachdem wir in Deutschland angekommen waren. Ich habe es deutlich gespürt, daß man Dietmar für einen hoffnungslosen Fall hielt. Aber ich wollte es nicht glauben und habe mich innerlich dagegen gewehrt. Dietmar war acht Monate alt, als sich während eines Krankenhausaufenthaltes sein Zustand verschlimmerte. Unsere Befürchtung, es könne sich um einen Malariarückfall handeln, wurde nicht ernst genommen. Wir rechneten mit dem Schlimmsten, und die Ärzte wohl auch. Als es fast zu spät war, bekam Dietmar die notwendige Malariamedizin. Wir holten ihn nach Hause, während sein Allgemeinzustand noch sehr bedenklich war. Nun begannen die Probleme erst richtig.

Ich weiß nicht, wie ich es in den folgenden Jahren geschafft habe, nicht zu verzweifeln. Ich kann auch nicht sagen, woher ich die Kraft genommen habe, durchzuhalten. Die Kraft wuchs mit der Aufgabe. Aber es war wie bei Sisyphus, der von den Göttern dazu verdammt wurde, einen schweren Stein auf einen Berg zu rollen. Immer wenn er glaubte, den Gipfel fast erreicht zu haben, rollte der Stein zurück. Immer wenn Dietmar etwas an Gewicht zugenommen hatte, bekam er einen Infekt, und wir begannen von vorn. An eine gezielte Förderung war gar nicht zu denken, da Dietmar zu schwach war, um auch nur eine krankengymnastische Behandlung auszuhalten. Er reagierte darauf mit Schweißausbrüchen und Geschrei.

Als Dietmar fast drei Jahre alt war, begannen wir mit einer verhaltenstherapeutisch orientierten Entwicklungstherapie, angeleitet vom Kinderzentrum München. Aus der Sicht des Psychologen im Kinderzentrum stellte sich der Fall Dietmar rückblickend folgendermaßen dar:

«Das damals knapp drei Jahre alte Kind konnte nicht laufen, nicht frei stehen, es konnte nicht selbständig essen, es zeigte keinen Blickkontakt, war insofern nicht in der Lage, nachahmend zu lernen. Es sprach nur eine einzige Silbe (‹mi›), wenn es etwas zu essen oder zu trinken haben wollte, und verfiel regelmäßig in stereotype Bewegungsabläufe, wie sie für Autisten typisch sind. Kontakt zu anderen Personen (außer zur Mutter) nahm Dietmar nicht auf. Lediglich über die Nahrungsaufnahme konnten kurze Kontaktbrücken hergestellt werden. Therapeutische Bemühungen ohne den Einsatz von Belohnungen durch Kekse, Schokolade, Saft o. ä. wurden mit Apathie oder Wutausbrüchen beantwortet.»

Die systematische tägliche Therapie brachte Erfolge. Drei Jahre lang habe ich mit Dietmar zu Hause mindestens zwei Stunden täglich verhaltenstherapeutisch gearbeitet. Mit Hilfe der Verhaltenstherapie lernte Dietmar laufen, Sprache verstehen, sprechen (allerdings mit deutlichen Problemen bei der Artikulation, die bis heute fortbestehen), er lernte Formen und Farben unterscheiden, Mengen erfassen, und mit knapp fünf Jahren konnte er dann auch einfache Texte lesen. Das Lesen eröffnete uns in der Folge viele neue Möglichkeiten.

Als Dietmar sechs Jahre alt war und wir uns um seine Einschulung Gedanken machen mußten, konsultierten wir einen bekannten Arzt für Kinderpsychiatrie, der folgende Diagnose für das Gesundheitsamt und die Schulbehörden stellte: «Autistische Verhaltensweisen bei Funktionsstörungen des Zentralnervensystems nach frühkindlicher Erkrankung an Malaria tropica ohne wesentliche intellektuelle Beeinträchtigungen.» Der Arzt empfahl, Einzelunterricht auf altersentsprechendem Niveau zu erteilen.

Dietmar bekam zwei Jahre lang Hausunterricht und besuchte danach eine Schule für Körperbehinderte. Später bekam er die Möglichkeit, mit Hilfe eines Fernkurses, den wir allerdings selbst bezahlt haben, all das zu lernen, was ihm Spaß machte und was ihm in der Schule nicht angeboten wurde, unter anderem Fremdsprachen und Biologie.

Wie soll es weitergehen?

Dietmar lebt zu Hause. Er schätzt seine Möglichkeiten realistisch ein. Er weiß, daß er auf Hilfen angewiesen ist. Phasen voller Lebensfreude wechseln mit Phasen voller Resignation und Traurigkeit. Er nimmt Anteil am Leben, interessiert sich für vieles, bildet sich eine eigene Meinung zu unterschiedlichen Problemen und pflegt viele Briefkontakte. In seinem Denken und Fühlen ist er unabhängig, bei der Bewältigung der Alltagsprobleme wird er uns noch lange brauchen.

Marlies Zöller